三毛传

梦中的橄榄树

李清秋◎著

中国出版集团　现代出版社

图书在版编目（CIP）数据

梦中的橄榄树：三毛传 / 李清秋著. -- 北京：现
代出版社，2018.1
ISBN 978-7-5143-6562-7

Ⅰ.①梦… Ⅱ.①李… Ⅲ.①三毛（1943-1991）一传
记 Ⅳ.①K825.6

中国版本图书馆 CIP 数据核字（2017）第 243463 号

梦中的橄榄树：三毛传

作　　者	李清秋
责任编辑	崔晓燕
出版发行	现代出版社
地　　址	北京市安定门外安华里 504 号
邮政编码	100011
电　　话	010-64267325　010-64245264（兼传真）
网　　址	www.1980xd.com
电子信箱	xiandai@vip.sina.com
印　　刷	三河市天润建兴印务有限公司
开　　本	880×1230　1／32
印　　张	6.5
版　　次	2018 年 1 月第 1 版　2018 年 1 月第 1 次印刷
书　　号	ISBN 978-7-5143-6562-7
定　　价	32.80 元

梦中的橄榄树

三毛传

目　录
CONTENTS

序　言　用一秒钟转身离开，用一辈子去忘记 / 001

第一章　天堂之鸟：为爱而生的文字精灵 / 001

追忆，那悄然而逝的背影 / 002

战火，初生的宿命蔷薇 / 006

幼时，对文字一见钟情 / 008

乡愁，台湾是新的故乡 / 011

第二章　　多情雨季：渴望自由的年少时光 / 015

拾荒，带着不同特色的宝藏 / 016

读物，豆蔻时光里最美的风景 / 020

匪兵甲，第一次单纯的暗恋 / 024

那年，无声世界静默的守候 / 029

学堂，挣脱所有不安的枷锁 / 036

独角戏，静默的轨外时光 / 040

第三章　　恋爱季节：相逢何必曾相识 / 045

钟情画板，恋爱原来如此容易 / 046

青春，从一双红舞鞋开始 / 050

有幸相知，无幸相守 / 054

慧眼，成就了另一场繁华 / 059

第四章　　挚爱荷西：漫长等待守护真爱 / 063

倾情，西班牙的东方公主 / 064

几度辗转流浪，几度风雨飘摇 / 069

六年，邂逅亲爱的大胡子 / 073

那就爱吧，用岁月相追随 / 079

第五章　　**荒漠繁花：快乐行走撒哈拉** / 083

灵魂修行，与骆驼一起曼舞 / 084

白手成家，风沙里的温柔怀抱 / 088

相爱相惜，爱在荒漠绽放 / 097

文字，关于撒哈拉的故事 / 107

第六章　　**诀别之舞：还没有来得及说再见** / 113

告别撒哈拉，但愿人长久 / 114

加纳利，新的起点 / 120

重生，另一种生活 / 126

足迹，群岛的美丽 / 134

死亡之岛，天国在哪里 / 141

一别，永不相见 / 147

第七章　　**选择流浪：万水千山走遍** / 153

千里追寻，在乎的不是目的地 / 154

孤独的燕子，每一处都有飞翔的足迹 / 160

越等待，心中越爱 / 166

第八章

阡陌一梦：你看那滚滚红尘 / 173

痛，写在异乡的异客 / 174

哀伤，最难忘的滚滚红尘 / 182

归彼荒漠，归彼她的前世乡愁 / 191

后 记 / 197

用一秒钟转身离开，用一辈子去忘记

那是一个多情的季节，一个拥有不羁灵魂的女子带着她的行囊，自漫天的黄沙中走来。

她是荒漠海洋中微笑前行的骆驼，昂首奔跑，长发飞扬，衣袂飘飘。她是一个固执的姑娘，有着绚烂而执着的梦想。她是一个谜一样的女人，曾经为爱远走他乡。她是三毛，一个特立独行、笑靥如花的女人。

橄榄树曾经绿过她苍白的生命，为了那些生命中最期待的精彩，她在滚滚红尘中挣脱生命的枷锁，走向天涯海角。梦境过处，皆留下了她的脚步；异国他乡的漂泊，是生命寂美的炫舞。

三毛说："我终于明白我的生命在爱我的人眼里是多么重要……我的爱有多长，我的牵挂与不舍也就有多长。""每想你一次，天上飘落一粒沙，从此形成了撒哈拉。"那片孤寂的荒漠海洋，承载着三毛张扬的青春，记载着她一生中最快乐的时光。

三毛与荷西的旷世绝恋，点燃了那最美的六年时光。身处物质极度匮乏的沙漠，他们却仿若游走在世外桃源，逍遥自在。她用最虔诚的心，以岁月为墨，勾勒出少女心中最浪漫的爱情梦。漫天黄沙的洗礼中，他们的灵魂在狂奔飞舞。她在漫天的沙海里找到了生命最原初的快乐。在那些不易被察觉的生命角落拾荒，拾起人们常常丢弃的平淡幸福。她流连在一段又一段的奇风异景中，给生命留下最美的光影纪念……她，抛却现实的桎梏，在纷繁复杂的红尘里翩翩起舞。

这一段爱情，如童话般让人痴迷和神往，却最终在凄美的款款哀吟中画下了句号。天人相隔，诀别的刹那，只好一个人在心里默念着再见，她的痛，难以言说。从此以后，失去了至爱的三毛跌入了命运的旋涡，蜷缩在令人窒息的空壳中苦苦挣扎。

她说，真正的快乐，不是狂喜，亦不是苦痛，它是细水长流，碧海无波，在芸芸众生里做一个普通人，享受生命刹那的喜悦，那么即使不死，也在天堂里了。

三毛将荷西埋葬在他们经常去的墓园里，三毛说，埋下去的是你，也是我。从此，曾经那个乐观坚强的三毛，也随之离去了。她形单影只，悲伤地希望自己可以做父亲母亲的不死鸟。用一秒钟转身离开，用一辈子去忘记。

生活有时充满了悖论。三毛如此热爱自由，但也并非每次都可以走出自己的围城。沙漠里的乌托邦，乃至生命的终结，都是她为自由做出的选择。她曾为爱奔走，只愿为自己而活，纵然放任灵魂归去，但她已带走了完美的人生答案，留下令人向往的精神梦田。

第一章

天堂之鸟：
为爱而生的文字精灵

追忆，那悄然而逝的背影

当现实的洪流在生命中汹涌澎湃，当命运的狂风在岁月里卷起风沙，又有多少人能够守住梦想的童话？而多年前一个叫三毛的放荡不羁的女子，以自由的脚步，丈量过她的梦想。于是，她的人生，她的故事，成了所有人的向往。

历史真实地刻录着时光里的故事，回忆却为故事填充了不一样的美丽色彩。一切的浮华消融为虚无，一切的沉淀升华为更宽广的未来。有渴望与怀念，还有回不去的遗憾。幸而，文字是一种伟大的艺术，可以描摹那些故事里的深沉情感；幸而，她的时代并不遥远，留下了珍贵的光影纪念。所以会在文字间，在她的黑白照片里，那些爱她的人们感受着往事的温度。

1945年，战争的硝烟像一张巨大的幕布，包裹着人们的生活。此时的中国，正经历着那一场沉痛而漫长的抗战岁月。

嘉陵江畔的重庆，是中国西南地区的一座名城。然而，来自东瀛的炮火打破了这座小城的宁静。在抗战中，重庆的特殊战略地位，使得这里浓缩成了一个大舞台。形形色色的人物聚集到重庆，粉墨登场。军人、政客、流亡者、商人，还有一群知识分子，这其中就包括三毛的父亲陈嗣庆。

陈家是书香世家，陈嗣庆于苏州东吴大学法律系毕业后，在上海以教书为业；而三毛的母亲缪进兰也曾做过小学教师，在学校时还曾参加过抗日救亡协会。在与陈嗣庆结百年之好后便在家做起了贤妻良母，退居到了幕后。抗战爆发后，三毛父母便移居到了重庆黄桷垭，父亲仍以教书为业。战乱中的黄桷垭相对安宁，这也是战争年月最可贵的恩赐。

初春三月，阳光灿烂，胜利的号角还未奏响，大地依旧笼罩着灰暗的色彩，一个朦胧混乱的时代为三毛的出生晕染出黯淡灰蒙的背景。在一个平凡的日子里，她来到这个世界，开始勾画她的传奇人生。

1943 年 3 月 26 日（农历二月二十一日），在山城重庆的九龙坡区，一声婴儿的啼哭划破了天际，谁都不曾想到，她的出生不仅是陈家的荣耀，更将给整个世界带来一份厚礼。陈父为自己的宝贝女儿取了名字——陈懋平，"懋"是三毛家谱上她代表的排行，"平"则表达了父亲心中的寄望，渴望和平赶快到来，渴望自己的孩子能平平安安。

但复杂的"懋"字让三毛写起来着实感到费力，自从她会写字时开始，就常常会把自己名字中间的字跳过。甚至还会将"陈"字的部首左右调换。这个不谙世事的娃娃，在三岁时就开始这样自作主张地给自己改了名字。在她那清澈明亮的大眼睛中，闪烁着对未知世界无尽的好奇。从"陈懋平"到"陈平"，再到后来她又给自己取的英文名 Echo（森林女神，或回声），三毛的一生都是张扬着这样的不羁和自由；至于后来成了三毛，那更是源于书本上的一次美丽邂逅。在家中排行老二的她还常常喜欢家人叫她"三小姐"，在她的心中，"三"似乎有着特别的含义。

三毛从小就是个特别的孩子，她的父亲陈嗣庆曾在《我家老二——三小姐》中，记录了许多三毛幼年时的故事。

三毛从小性格冷淡，两三岁的烂漫时光里，正是与人欢笑玩耍的天真年纪，三毛却不爱与其他孩子玩耍，所以常常与孤独为伴。这样一种独特的个性似乎为这天才少女未来的传奇之路暗暗埋下了伏笔。

在离家不远处，有一座坟场。坟场里阴风阵阵，荒草丛生，充斥着死寂。别的孩子不敢靠近，这里却成了三毛钟爱之处。她常常会沉浸在另外一个独立自由的世界，在寂静的时空里，寻找着独属于自己的快乐。

往生与此生究竟交结着何种渊源。在亡灵的世界里，却渗透着一种对生命的敬畏和尊重。在那小小的年纪里，三毛便有着一颗对生死无畏的心。因而在她的年幼时光里，也有了许多惊险情节。

每年过节杀羊的时候，其他孩子可能因为恐惧而生得三分敬畏，三毛不但不怕反而会颇感兴趣，将这过程不动声色地从头看到尾，像是在一旁细细地观察着一刀一刀的雕刻艺术。那些别人以为残酷的景象，在她的眼里却是另一番味道，她自有她独到的眼光。

住在重庆的时候，当时每家大水缸都埋在厨房地里，在大人的讹话中，那尊大缸变成了神话中张牙舞爪的异物，一般小孩子是轻易不敢接近的。可是对于三毛来说，这种"恐吓"反而越发挑起她的兴趣来。

有一天大人正在吃饭，突然听见外面传来很激烈的水声。等到父母冲到水缸边才发现三毛头朝下、脚在水面上，拼命打着水。当家人慌张中把她提着拉出来时，她不但不哭，反而镇静地说一句："感谢耶稣基督。"说罢，一口水轻轻地吐了出来。

之后还有一次意外发生，三毛骑脚踏车不小心掉进了一口废井里。井底昏暗狭窄，可受伤的三毛没有哭闹喊叫，而是靠着自己的力量从废井里爬了出来，虽然两个膝盖磕得白骨外露，她竟然还微笑着说，烂肉裹着一层油的脂肪很好看。

在她的人生解读中，生活里，无处不见美的存在。

个性鲜明的她总是有着自己独到的眼光，枯燥的生活总是能在她的眼眸中折射出美丽的光彩。三毛的妈妈在回忆女儿的童年时说道："三毛，不足月的孩子，从小便显得精灵、倔强、任性。话虽不多却喜欢发问。喜欢书本、农作物，不爱洋娃娃、新衣裳。可以不哭不闹，默默独处。不允许同伴捏蚂蚁、苹果挂在树上，她问：'是不是很痛苦？'"

三毛似乎一点都不对这个世界感到吃惊，只觉得一切都是那么自然而合理。而这样的心态，也让她无惧战争的恐怖。

幼时的三毛，虽然有着许多超乎常人的特质，但她仍是一个孩子，一个天真善良的孩子。为了收藏更多酷爱的糖纸而偷了母亲卧室里的五块钱，可是这笔当时的"巨款"一直折磨着她的小小心灵，握在手中那一张纸币被汗液湿湿地裹着，实在熬不过内心的挣扎，三毛又悄悄地把钱放了回去。她还有那属于自己的小小良心和原则不愿意去打破。

作为一个典型的 B 型血女孩，三毛是敏感的，也是骄傲的。生性随意自然，这个快乐的天使却也很容易一脚踏入泥泞的阴云中不可自拔。就像她爱看雨，却也喜欢明媚的太阳。这种矛盾，让她感受更多的快乐，也在她心中浸染着一股淡淡的哀愁。

在典型知识分子家中出生的她，有着和父母截然相反的性格，她更加像她的祖父。她觉得祖父就如同《乱世佳人》里的男主角瑞德·巴特勒充满魅力，她的祖父十四岁就独自在上海滩闯荡，从小学徒，到自己经商，最后发迹成为大企业家。回到故乡后，他建医院、办小学、修桥铺路用一生积蓄去做善事，最后在庙院中安度余生。祖父的卓越和伟大，在三毛的心中留下了深刻的印象。

三毛从小便是这样与众不同，插着自由的翅膀，无人能够束缚住她的灵魂。凭借着一腔热血，坚强地活着，就如同战火中坚强怒放的蔷薇，那样明艳夺目，给了世人最美的惊艳色彩。

战火，初生的宿命蔷薇

人的精神，像一棵树，深深地扎根于脚下的土地。于是，每当迈动脚步，走向他方，一缕乡愁，会萦绕在灵魂中，缠绕着心中的梦。这世界上最美的地方，不是金阶华殿、琼楼玉宇、而是我们情感所依的故乡。

　　战争年月，炮火相摧，人们为了生存，不得不远离家乡。三毛自懂事起，就开始随着父母奔波。生在重庆，又去了南京，后来又辗转从上海到了台湾。一路的颠沛流离，一路的辛酸悲苦，在三毛的心底刻下了最早的"流浪"烙印。

　　战火下的记忆多多少少留在了往昔的时光。若不是因为乱世，也不会有这不尽的辗转与日后思念的不安。虽然三毛后来极少提到，但是足可以想见在那个炮火连天的年代里，一个未曾涉世的小姑娘紧紧地拉着母亲的手，一路辛苦地奔波。而途中她的目光所及，都是和她一样，在战争中迁徙流亡的身影。

　　弗洛伊德说，一个人幼年的记忆会影响他以后的行为和生活，虽然他可能并不记得发生过什么，但那些记忆都藏在他的潜意识中。或许正是因为幼年逃难的经历，使三毛变得比别人更易于反抗现实。

　　比三毛大三岁的姐姐陈田心和她一同见证。在不谙世事的年纪离开故土，成长之地变为长久定居的台湾，或许对于某些善忘的孩子而言，哪里又有什么乡愁呢？可是偏偏，这样一个孩子却是最"想家"的那一个。在南京的家里，她度过了一段美妙时光，沉淀在记忆里，变得温软、绵长。

　　在南京的那段时光里，抗战已经胜利，人们奔走欢庆，洋溢着喜悦的心情，孩子们最是天真无邪，也更容易受这种情绪的打动。这样欢喜气氛下的种种记忆，自然也被刻录进了三毛那段童年时光。

　　彼时，南京鼓楼头条巷 4 号，有一幢巍峨的西林庭院，它像一位绅士，经历着时代的洗礼，守候着陈家人一段美妙的时光。三毛记忆里的玩耍似乎总是与奔跑联系着：她跨着竹竿做的竹马围着大梧桐树奔跑着；在雪地里与堂哥打雪仗时因跑不及而吃了他一个雪弹；在后院被一只鹅追赶等……跑跑闹闹，笑声在雪地一浅一深的脚印里回荡。

她开心地笑着，品尝着快乐的蜜糖。院子里的黄绿色小花，像她的笑容一样绽放。这烂漫的童年，可以说是她一生中最为幸福的时光。因为单纯，所以不必负担任何悲伤。

每天清晨，鸟儿在梧桐树上欢鸣，奏出一曲悠扬乐章。这乐曲不经意间会飘到陈家二楼孩子们的书房里，成了她们读书时最美的背景音乐。三毛在这里，度过一串串的美妙时光。

清新的空气，碧翠的梧桐，美丽的阳光，鸟儿的欢唱……这样的时光，充满了诗情画意，写满了宁静与悠扬。

虽然当时的社会经历了许多黑暗痛苦与挣扎，但独属于三毛的三载南京时光，是简单快乐的。这样的安宁，也许算得上是命运给予她的最大恩赐。

幼时，对文字一见钟情

一见钟情是一种无端的缘分，亦是一种必然的命运。你无从选择，无法拒绝，或早或晚，总会遇见、相依、相恋。三毛今生的第一位忠实恋人，便是"文字"。

两三岁的年纪，三毛就已经表现出对读书的极大兴趣。多彩的图书，为三毛插上了灵魂的翅膀，带她飞向文字的宿命。

当时，在三毛的堂兄堂姐中，有的念中大，有的念金陵中学，大三毛三岁的姐姐也背着书包走进了学校；只有她因为年纪尚小甚至还不能上幼稚园，便跟着一个叫兰瑛的女工在家里玩。

每天，望着姐姐背着书包上学的背影，三毛幼小的心灵中便萌生一种艳羡和渴望。姐姐上学走后，女工兰瑛就把三毛领到后院，叫一个长着癞痢头的小孩"马蹄子"跟她玩。三毛虽然爱玩，却对这样一个玩伴喜欢不起来，宁愿把自己的玩具全部给"马蹄子"，然后自己躲到宅子二楼的图书馆去。陈家是书香世家，自然少不了各色书籍，对书的热爱也传承到了三毛的血脉里，这里便成了她的天堂。徜徉在书籍的海洋中，望着窗外的梧桐树，三毛感到莫大的幸福和满足。书香萦绕的屋子里，装满幸福的阳光，滋养着年幼的三毛。

浓墨书香把三毛带到了另一个崭新的世界。她幼小的灵魂，与书紧紧拥抱。一旦沉浸在书海之中便难以自拔，常常废寝忘食，直到兰瑛或妈妈从狭小的角落中找到她，三毛才恋恋不舍地合上书本。

三毛生平看的第一本书是没有字的，却知道它叫"三毛流浪记"，后来又看了一本《三毛从军记》，作者都是张乐平。她从特别喜欢的这两本书里，找到了自己的笔名。命运在此埋下了伏笔，在后来的人生中，她与这两本书和作者都结下了很深的缘分。书中的故事深深地吸引着三毛，她沉浸在故事里时而笑时而叹息，在那样小的年纪里，却对这一切有着一份好奇和关心。

在那个战乱不断的年代里，政局动荡，人们饱受苦难。而这漫画里的孩子，则是那些在战乱里饱受疾苦的孩子的缩影。

这个漫画中的小男孩有着圆圆的脑袋和脸蛋，五官很可爱，眉眼中却时常透着迷茫和委屈。他的头上只有三根头发，他的名字叫作三毛。

也因这份机缘，三毛日后又认了第二位爸爸，一个未曾谋面便带给她新的憧憬和打开了一个新世界的人——张乐平。他们因书结缘，后来又一见如故，自然就成了父女。

带着莫名的吸引与牵动，她自小接触到书，便产生了对书的极大兴趣，到识字的时候，又转成了对文字的爱。

后来，三毛这个笔名让她红遍了整个台湾，乃至整个中国，成为家喻户晓的人物。

看过"三毛"之后，其他凡是书里有插图的儿童书便成了三毛的读物。小小年纪，三毛就"看"过了《木偶奇遇记》《安徒生童话集》《格林兄弟童话》，还有《苦儿寻母记》《爱的教育》《爱丽丝漫游仙境》等许多本童话书。

浩瀚的书海，不仅是知识和智慧的来源，对三毛来说，更是为她开启了一个丰富多彩的世界。

书打开了她对另一个不同世界的好奇心，文字没有直接以"生硬和陌生"的方式出现在她面前，而是如此自然、有趣。

从喜欢到依恋，这份对文字的热爱如静水流深般直抵她的灵魂深处。从对文字的一见钟情，到后来连续有机会发表作品《惑》《一个星期一的早晨》《珍妮的自画像》，让这个女孩彻底地和文字"热恋"了起来，终其一生都不曾减损一分一毫。她的灵魂像一棵开花的树，结了一段尘缘，留下无数花一般的梦幻，飘向无数读者的心田。

乡愁，台湾是新的故乡

小时候

乡愁是一枚小小的邮票

我在这头

母亲在那头

长大后

乡愁是一张窄窄的船票

我在这头

新娘在那头

后来啊

乡愁是一方矮矮的坟墓

我在外头

母亲在里头

而现在

乡愁是一湾浅浅的海峡

我在这头

大陆在那头

——余光中《乡愁》

多少远离故土的游子无尽地传唱着这首真挚感人的《乡愁》，因为它道出了那一代人最刻骨的想念与哀愁。这首诗用在三毛身上，亦是再合适不过的，尽管离开祖国大陆的怀抱时，年纪尚轻的三毛还未理解"乡愁"二字的真正含义。

在金陵短暂停留的记忆里，三毛爱极了那里的雨。雨丝如线，一如她思念的愁绪，轻柔缠绵。待她离去后对故乡雨的思念，依然缠绕在心间，这也成为她独特的乡愁。

金陵的日子固然美好，却极其短暂。有一天，三毛正在南京家里的假山堆上看野蚕，父亲回来了，便往三毛手上塞了一叠可以换马头牌冰棒的金元券。脸上的笑容还未绽放，她却恍然发现家中的老仆人正在流泪说全家要逃难到台湾去了。在1949年的某天，陈氏一家再度迁徙。去往了中国的不合适，宝岛台湾。

逃难过程在三毛脑海中的记忆是很少的，唯一记得的便是母亲在轮船上吐得很厉害，那时三毛很害怕，心中产生了强烈的恐惧，因为她害怕母亲会死去。

从金陵一路漂泊辗转，陈家人历尽艰辛终于来到了台湾，开始了新的生活。随着时光的流淌金陵的一切渐渐飘远，成为童年记忆里一张美丽的扉页，台湾这座富饶而美丽的地方，渐渐融入三毛柔软的心。对于三毛来说，这里才是生活中真正的故乡。绿树青山，碧海蓝天，自然的馈赠和人情的丰腴，一切都是新鲜而珍贵的，对于一个纯真而敏感的女孩子来说，又有什么理由不爱上这里呢？

初到台湾，一切都是生疏的，生活也变得艰辛，那个时候三毛的大伯父和父亲带着一家人千辛万苦地搬到台湾，为了糊口，手头的金饰不得不换成了金元券，严峻的经济形势让初入台湾的一家人不知所措，而此时，幼小的三毛却浑然无知，满怀欣喜地迎接自己的新环境。

到台湾后，三毛记忆尤深的还是初次见到榻榻米时的情形。由于台北建国北路的房子都是日式的，三毛与家中的堂哥堂姐第一次见到要脱鞋才能进的房间，高兴到不能自已，光着脚丫子在上面又蹦又跳。

自从对书籍萌生了喜爱，书就成了三毛生命中重要的一部分，所以对台湾的另一个深刻印象是关于书籍。当时的台湾有一阵子刮起了禁书之风，要把一些书通通烧掉，尚且年幼的三毛对此十分不解，她只知道书中的世界奇妙而丰富，不知为何要烧掉，当她从母亲的口中得到那些书是"有毒"的，不禁万分诧异。而正是这份诧异将这些事刻在了她丰盛的记忆里。

公交车的开通使得她家附近的那条建国北路热闹了起来，各行各业的形色之人多了起来，而对三毛来说，当一个叫"建国书店"的商店挂上招牌以后，每天畅游书海成了她放学后最大的乐趣。爱书成痴，估计就是从那时开始，书籍成了三毛生命中最重要的陪伴。

到后来父亲搬出一个已经被遗忘了的樟木箱，一本本装帧精美的书籍出现在三毛面前时，她已经不可自拔地连书的封面都爱上了。这一切，都是在她的成长之地——台湾发生的。

台湾，给了她最初、最真实的生活体验。不管曾经流浪过多少地方，热爱过多少土地，都在兜转了一圈之后回到了原点。台湾，三毛心中最温柔的一笔，尽管在多年以后，她在一首歌里写道："不要问我从哪里来，我的故乡在远方。"可台湾的冷与暖，早已成为年深日久的记忆，流淌在她的血液里，成为欲语还休的"新故乡"，也结出了牵伴她一生的浓浓乡愁。

第二章

多情雨季：
渴望自由的年少时光

拾荒，带着不同特色的宝藏

时光的小船载着一船故事匆匆划过。装满曾经，驶向未来。曾经那个年幼的女童已经日渐婷婷，而随着年岁成长的不仅是身体，一颗聪慧而敏感的心也渐渐萌芽。小小的课堂里，方正的桌椅间，三毛像其他孩子一样规规矩矩地走进了学堂。她和其他孩子一样对学校里的一切充满期待，却并未能收获满满的欢愉。

三毛爱读书，却不太喜欢教条的课本，所以学习成绩平平，不过美术和作文成绩却很优秀，这让她内心有了小小的自豪。那位教学极为严厉的全科老师，不仅对三毛的作文无可挑剔，甚至青眼有加，作文课仿佛都成了三毛的专属表演课——每次作文课，她的文章势必要在课堂上朗读的。

又是一堂作文课，这次老师出的题目是"我的志愿"。恰如往常的习惯，三毛的文章多次被当作范文表扬，老师期待着这位得意弟子更好的表现。结果出乎意料，三毛幸福而自豪地告诉大家，自己的理想是当个拾荒人，还颇有点惋惜似的说到，人们总是把一些好东西给丢掉，而当一个拾荒者最快乐的时刻就是把这些已经蒙尘的东西发掘出来。

兴致勃勃的她还未及说完，就被老师扔过来的板擦给打断了。老师眼中所谓的"理想"一定要远大才行，又怎能允许她的学生沦落到社会的底层？三毛想要成为"拾荒者"的志愿不仅让她颜面无光，更让她觉得羞辱。必须重写！

可单纯的三毛在这板擦的"袭击"之下似乎仍未醒悟过来，只知道似乎老师并不怎么喜欢她的这份未来职业。于是三毛变戏法似的将这份愿望隐藏起来，改口将自己化身为一个摊贩，不过心里真正的愿望并没有改变，仍然忍不住在营业之余随便捡捡别人丢掉的宝贝。

自以为聪明的三毛，却让老师生气又无奈，有种朽木不可雕的愤慨。老师一番苦口婆心的教诲，让三毛意识到了老师的"愿望"，于是叹口气谎说道，希望自己以后做个拯救万民的医生。自然，感动的是老师，而无动于衷的只有这个声称要做拾荒者的女孩。

无奈的谎言换得了老师满意的微笑，而她的心，却变得黯然。她将梦想的种子深埋，在后来的时光里，浇灌了执着的爱，让一颗种子，逐渐长成一片梦想的绿洲。

多年以后，撒哈拉的家里，从家徒四壁到一个沙漠中的城堡，改变着一切的很大一部分东西都是三毛拾荒来的。她用自己的双手，实现了儿时浪漫的梦想。

玩具对孩子们的诱惑永远是巨大的，只不过现在很多孩子的玩具都是金钱的交易品，缺少了一种自然的乐趣。而在三毛的那个时代，玩具都是自己"造的"，那些随手捡来的旧物，加上自己的创意和想象就会成为很棒的玩具。树叶可以当哨子，肥皂泡可以用破笔杆吹出来，"跳房子"是用粉笔画的，手枪是拿筷子和橡皮筋绑着做成的……正是这般地亲近自然，三毛才能体悟到世界角落里点点滴滴的美丽。

　　这些自然的馈赠不仅深受孩子们的喜爱，而且分文不用，得来的却是孩子们欢快的笑声和永不疲倦的快乐。在那样的环境下，对三毛来说，捡来的东西只要制作得当，全部都是宝贝。这些宝贝带给她无穷的快乐填充了她的年幼时光。

　　三毛的第一个宝贝被她叫作"点人机"，其实是一根捡来的弧形树枝，跟着前面的人跑，点到谁谁就出局。而这根捡来的树枝也为她点开了浪漫有趣的拾荒之旅。

　　毫无疑问，拾荒是需要眼力的。慧眼识珠，哪怕是被埋得再深、再破旧的东西都有重新焕发光彩的一天；没有眼力，那么拾荒充其量只是捡捡毫无用处的垃圾。常人眼中所见的，未必就是它的本来面目，只有那些真正懂得的人，如同伯乐与马、伯牙与子期，仅一眼、一声就能识得是知音。世界的美好总是会展现给那些懂它的人。

　　那个时候的三毛，放学后的时光便好似寻宝一般，快乐得如同飞鸟。很多再寻常不过的东西在她眼里都能焕发出不一样的光彩：一颗弹珠，一个大别针，一个美丽的香水瓶，一颗狗牙齿，或者是一只小皮球，甚至可能得到意外之财——一角钱。

三毛在拾荒中累积了许多快乐和宝藏，也累积了很多经验。时间久了，只要一瞥，便知取舍。少女时代，一度"爱书成痴"的三毛通过读书，打开了独特的视角，也渐渐懂得了格调，对于她以后的生活和写作生涯都产生了极为深远的影响。

对于看似普通的事物，三毛往往以特殊的敏感去品味那些曾经交错的瞬间，以至于不顾旁人的眼光将人家锯树丢下来的枯树枝拖回家当宝贝似的爱；见到洗衣的阿巴桑坐的木头椅子也爱不释手，因为那像极了呆头呆脑的复活岛人像。在三毛的眼中，世界总是神秘多彩的。

直至离家出国前，三毛还将这些被她视作"第二生命"的宝贝郑重交托爸妈，让他们保证即使搬家也不会丢弃它们，虽然那时的家都快被这些她拾来的宝贝给堆满了。

从小衣食不缺，温饱过甚，家里四个孩子中却只有三毛有捡废物的怪毛病。这个古怪而又让人捉摸不透的孩子让家人感到不可思议，然而谁都无法预料的是，正是这样一个生活的"拾荒者"终有一天会成为文字的拾荒者，用那些平凡而简单的文字创造出一个多彩浪漫的世界。

三毛通过拾荒拥有了一笔巨大的宝藏。宝藏不仅永远不会少，还会因交换和日后的拾捡越积越多。拾荒，如此诱人，除了不用耗什么就能得到东西的欢喜外，还有着一份你永远不知道下一秒会拾到什么东西的未知，这会让人永远保留着新鲜感和好奇心，永不止息。

后来，三毛将这些珍贵的记忆化为了潺潺文字，饱满的情感和文字交融在一起，汇聚成为一部优秀的作品。书名是"我的宝贝"，一一叙说着它们的故事，将她的宝藏公开，将一个人拾荒追梦的历程铺展在了所有人面前，感染着那些对生活感到疲乏的人。

有些梦想成了时光的洪流中的一抹泡影。而有些梦想因为执着照进了现实。三毛，终于以自己的方式完成了曾经的拾荒梦。

读物，豆蔻时光里最美的风景

时光的巨浪淘洗着世间的故事。沧海桑田不过转瞬之间却在书山墨海里，沉甸下不朽的智慧，启迪着芸芸众生。无数的人，跟从这智慧之光的指引，找到了自己的方向。

三毛亦是如此，从年幼时光，到豆蔻年华，再到后来的天涯流浪。书成了她生命中不可或缺的能量。

三岁时，她与书结缘，自此后爱书成痴。

她总是先看书，不懂的字和词便问姐姐，于是《学友》《东方少年》以及《王尔德的童话》便都这样被她读过了。不耐于报纸的出报时间，三毛又翻起了堂哥的书，逐渐地认识了那时对她而言还很陌生的作家，如鲁迅、巴金、老舍、冰心等。后来，《骆驼祥子》《寄小读者》也都被她拿来"吞"下去了。

截至被送到国民学校念书，三毛已经能认很多字了。她对文字天生的敏锐力是令人吃惊的，连老师也惊奇：看她拿着报纸，以为是看着玩的，结果三毛从头到尾读了下来。语文课，对她而言，只是简单的哄骗小孩子的课罢了，她甚至跑去对老师说，为什么这些东西写得这么浅显，分明是骗小孩，结果自然是招来了老师的责骂。

在三毛眼中，这浩瀚的文字搭成的是一个个奇妙而多彩的世界，对她有着极强的吸引力。那时候的书和报纸很快便被她看完了，所以三毛什么书拿到手就迫不及待地看下去。之后，她的生命随着建国书店的开业又一次发生转折，三毛的爱书情结愈加浓烈，对她来讲，这个地方简直如天堂一般。

三毛用尽各种办法借书，其表现便是缠着那时并不宽裕的家庭要租书的钱。刚开始租到的是美国移民西部的故事书，如《森林中的小屋》《梅河岸上》《草原上的屋》《农夫的孩子》《银湖之滨》《黄金时代》；看完之后又"转战"儿童书，儿童书"告捷"后又转向其他书籍，先是《红花侠》《三剑客》《基度山恩仇记》《堂吉诃德》，后来是《飘》《简·爱》《虎魄》《呼啸山庄》《傲慢与偏见》《雷绮表姐》……三毛一股脑跌进这一道洪流里去，简直是痴迷忘返了。

这一场看似"生吞活剥"的读书经历，奠定了三毛日后的阅读基础。无论懂不懂，只要有故事就看得下去，就会产生一种说不出、道不明的独特滋味。囫囵吞枣并非一无是处，慢慢消化之后的养分足以灌溉心田。而多年以后这片心灵的沃土上也结出了丰硕的果实，她留下了许多经典而不朽的作品。

不过，似乎连她自己也没有料到，以后那些曾打动过她心的文字竟然会在她的手中"复活"，成为她向世人传递讯息的使者。她投稿的作品，没有一次被退回。

春去秋来，她已经是小学五年级的学生了。那时的三毛，已经完全沉浸在了书中的故事和人物上，幸运的是家人从来不曾阻止。但是日渐加重的课程只能让她在课堂上"偷抢"时间了。对她一生中影响最大、也是最爱的一本书《红楼梦》，便是在上课时偷偷盖在裙子下面看完的。

有一段文字让三毛记忆尤为深刻，看过后再也难以忘怀。那是在她读到《红楼梦》里宝玉出家那一段："贾政泊舟在客地，当时，天下着茫茫的大雪，贾政写家书，正想到宝玉，突然见到岸边雪地上一个披猩猩大红氅、光着头、赤着脚的人向他倒身大拜下去，贾政连忙站起身来要回礼，再一看，那人双手合十，面上似悲似喜，不正是宝玉吗，这时候突然上来了一僧一道，挟着宝玉高歌而去——

'我所居兮，青埂之峰：我所游兮，鸿蒙太空，谁与我逝兮，吾谁与从？渺渺茫茫兮，归彼大荒！'"

读完这一段的三毛简直都愣住了，恍如沉浸在梦境，竟忘了自己身在何处，她的心中生出一种复杂的情绪，并不是流泪和感动所能形容的，便痴痴地坐着、听着，老师叫她名字时都感觉是从好远处传过来的。那个时候的她顿时领悟了什么叫作"境界"。

这次与《红楼梦》文字的碰撞，使得她自此对文字无法自拔，而这本书，也是她今生最爱的一本书，反反复复读了不知多少遍，也感触了无数次。

三毛深深地感到了文学之美，并为之感到震撼，自那时她便下定决心，要追随它一生。而在她离世前也曾反反复复地说过，如果有一天自己死了，希望有人能给她"烧"一本《红楼梦》。这深刻的爱，早已在那漫漫的人生岁月与她的生命交融。

随着小升初后的课业繁重，三毛又太爱看书，忽视了学业，直接导致了成绩直线下降，一次月考下来四门不及格。老师、家人此时开始警告于她，希望她能够"悬崖勒马"，知轻知重。而就是在这样的高压下，她也未曾完全停下走进浩瀚书海的脚步，大伯父的书架上的《孽海花》《六祖坛经》《阅微草堂笔记》和《人间词话》，都悄悄被三毛"吞进了肚中"。对她来说，有书便是好的，完全离开钟爱的书籍是一件无论如何也做不到的事情。

书读得越来越多，越发激发起三毛求知的欲望。在三毛十五六岁时，已经是个十足的"书奴"了，而父亲则为她专门做了一个书橱。驰骋在书籍的汪洋中，就是三毛的最大快乐。书的智慧与她的渴望交融，筑成一座浪漫美丽的梦想城堡，而她终其一生都走在这追梦的路上。

匪兵甲，第一次单纯的暗恋

总有那么一些人，涤荡过你的年少时光，就像一颗石子投入清澈的湖水中，激起一阵涟漪，随后消散得无影无踪，仿佛从来没有存在过一般；然而，"天空中没有了痕迹，但飞鸟已然略过"，那些曾经在岁月里留下的脚印，却幻化作生命中永恒的珍贵的回忆。

那年秋天，十岁左右的三毛，还是台北市的一名小学生。依照学校往常的惯例，新学期开始时都要举行一场校际同乐会，全校各班级同学都要出演歌舞、话剧等节目。那一年，同乐会一共有两场话剧，毕业班的学长学姐们排练《吴凤传》，另外一出话剧叫作"牛伯伯打游击"。

虽然不善言语，可是小小的三毛心中藏着一个演员梦，但是成绩平平、长相又不出众的她总是被忽略在微不足道的角落无人赏识。唯一的一次演出经历是扮演了"一棵树"——竖着的比人还要大的三合板上面画着那棵树，三毛就那样笔直地站在树的后面直到落幕。她渴望成为舞台上神采奕奕的演员，却只成为沉默的道具，寡言的三毛心中布满了失望。

有兄弟姊妹的孩子，一旦年长点的孩子表现优异，小一点的孩子总是会被他们的光环罩着，甚至是被他们的光环遮盖住，在压力下往往变得自卑而又敏感。三毛的姐姐仿佛就是三毛的榜样——功课、人缘、模样都好，从小学一年级起就是学校里的传奇人物。与默默无闻的三毛相比，被誉为"白雪公主"的姐姐自然是夺人耳目的。在姐姐的光芒之下，三毛只能沉默。

连姐姐也不知道，妹妹三毛有多么地羡慕她。尤其是在演出话剧的时候，姐姐总是理所当然地成了主角，而喜欢演戏的三毛只能眼巴巴地看着。热闹都是别人的，而自己只是一个单纯的旁观者。但是内心蠢蠢欲动的欲望难以抑制，每到中午吃完便当，三毛都会偷偷地跑去学校的大礼堂，艳羡地瞻仰那些舞台上的优美身姿。

渴望舞台的三毛，天天旁观，有一天竟突然被老师叫去演《牛伯伯打游击》中的匪兵乙。因缘使然，因为演这出剧，她终于走向了一直渴望的舞台，也因此遇见了一段青涩朦胧的情缘。

在那个青涩的年纪，在那个相对保守的年代，在三毛的学校里，男孩子和女孩子不是一起上课的，也被禁止说话。如果有男孩对女孩友爱或者笑一笑，就会被那些调皮的孩子在墙上涂写上"某年级某班某某人爱女生不要脸"之类的鬼话。那样单纯可笑的青涩时光，在如今看来甚至都有些匪夷所思了，但在那时显得那么纯真可爱。而就在这样的环境下，老师竟然会安排三毛和一个男生单独待在一起演匪兵！这对三毛来说简直是不可思议的事情。

那以后的午后时光，三毛都会蹲在一条长板凳上，和另一个演匪兵的男生躲在布幔后面。布幔与前台隔开着，而他们要做的就是在心中默数着数字，等"牛伯伯"经过布幔的时候，两人一齐跳出去，拿着一支假装是长枪的扫把大喊一声："站住！哪里去？"

除去这一句台词，他们彼此再也没有交流。一则畏惧于学校的规定，二则忌惮着同伴们的闲言碎语，两人竟都缄默着。然而终日里面对着一个男孩子，一种神秘而又朦胧的喜悦在三毛的内心里渐渐滋长着，虽然不曾言语，但是那一同数到某个数字然后厮杀到"牛伯伯"跟前的默契却是十足的。

小小的年纪还不会多做猜疑，小小的心还不会叹息，却有一种默契在这两个小小的灵魂里，同频率同气息。

在青葱岁月一去不复返之后，再度回首，三毛记不清那个人的样貌，却总记得他用剃头刀刮得发亮的头，那么安静地坐在后面，等时间一到便与她一同默契地跳出喊杀。这份初到的默契，竟成了往后再也难忘的记忆。

三毛觉得，她好像是对匪兵甲有了好感。

考试没有及格，被老师拿竹鞭子打腿，三毛偷偷擦掉了一点眼泪，不是因为这些事伤心，却有另一个想伤心落泪的理由。演出结束的他们，生活不再有交集，她也只能在朝会的时候张望一下，找到那个头比别人光、也比别人大的他。这份朦胧的情感却在现实面前却步，只能深深地埋葬在心底，这是让她伤心的一个理由；被别人误以为自己喜欢"牛伯伯"，这是另一个让她伤心的理由。

有一天下课回家，三毛与一帮恶作剧戏笑她的男生在泥巴路上狭路相逢了。男孩子们重新提起了那个三毛喜欢"牛伯伯"的传言，这让原本就心中有怨气、亦不会退让的三毛忍无可忍，冲上去便要和遇到的第一个男生打架。而在随后冲上来的杂乱的脸中，三毛却发现了一双似乎受着很大苦痛又带着一种惊惶的眼神——匪兵甲的眼神。

有时候，一个眼神就胜过千言万语，而匪兵甲的眼神让三毛明白了他的心意——他是在意她的。

一颗心，因为突然而来的尖锐的甜蜜而痛了起来。被误解的苦恼也在转瞬间消散，既然了解了那个人的心意，就算众人唾骂又何妨！捡起掉在水田里的书包，三毛低下头背对着他们跑了。

她的心中充斥着兴奋和甜蜜。她知道他了解她的心意，并且为他们之间深深的默契感到满足。

往后朝会的日子里，三毛总也忍不住轻轻回头用眼光扫一下男生站的那边，假装一点也不在意，却总被另一双同样不经心的眼睛看到——她总是固执地相信那眼神里有着其他的信息，那令她欣喜和期待的信息。

有一次，无意之间，三毛竟然发现匪兵甲和"牛伯伯"在操场上打架，匪兵甲不占优势，被"牛伯伯"骑在身上，用湿泥糊满了鼻子和嘴巴。

看着自己那么关心在意的人那个时候无力地挣扎，三毛的心痛极了，"指甲掐在窗框上快把木头插出洞来了，而眼睛不能移位"。那一瞬间，她觉得仿佛被湿泥糊住口鼻的是自己，忍不住跑去厕所吐了一番。而那以后，她也认定自己是爱上了匪兵甲，不然，为什么会对他如此在意，如此感同身受？

花季的少女一旦单纯地"恋爱"，就会做出许多单纯的傻事来。三毛在那以后的每个夜晚，向神哀求祷告着，长大以后要做那个人的妻子，并且坚定地说着永不反悔。这孤独的祷告，装满了甜蜜的渴望，纵使后来的时光里一切都物是人非，她却始终记得当时幸福的味道。

时光的脚步匆匆，三毛的高小生活结束了。毕业那天，她没有和往常一样再向后张望，寻找那一个熟悉的身影，而是冲向了教室，为她小学的最后记忆画上一个完美的句号。但是心中的牵挂是不能轻易放下的，回家的时候，她拼命跑啊跑，甩掉了同行的女生，跑到了每天要经过的那条田埂上，那条曾经与他相遇的路上，拼命张望着，张望着，希望那个熟悉的身影再次出现，而许久之后，人影散去，只留下三毛一个人在碧蓝的天空下孤独等待的身影。

原来等待的也只有自己一个人了。

穿上绿色制服上初中的时候，三毛每夜仍是如同以往一样地祈祷，否则便不能安睡；可是时间久了，原来祈祷的内容都渐渐模糊了。在渐行渐远的时光里，许多东西都变了味道，她的心被一种无奈的情绪萦绕。

刻骨的思念，即使再回头，也看不见什么了。

这一场单纯的"爱恋"，其实也只能算是暗恋，或者也无关乎暗恋。那么多年过去了，留在心里的仍是那段单纯美好的时光和那个单纯美好的自己。回忆过去，记忆中的人不再是那一个了吧，也或许，她深深怀念的，只是曾经那段朦胧的青春回忆。

那年，无声世界静默的守候

生命中总会有一些路，我们体会脆弱，尝尽孤独，也会有一些人，悄然地走进我们的生命中，给予我们温暖和救赎。在花季雨季的青春时光，敏感多愁的三毛，喜欢用厚厚的铠甲把自己伪装，不肯轻易以真面目示人。而在她幸运的生命历程中，总会遇到各种各样默默守护她的人，温暖了三毛一段短暂的时光。

平淡的生活里总会有一些不期而遇的意外故事。在一个寻常的日子，三毛走在上学的路上，却突然遭到一头疯水牛的袭击，突如其来的袭击让她猝不及防。惊慌与恐惧紧紧攫住了三毛的心，只能一路狂奔试图摆脱这头突然出现的疯水牛。但令三毛不解的是，她根本没穿红衣服，这头水牛却仿佛只盯准了她一般，对着她狂追不舍，对其他人却视若无睹。

三毛怕极了，却连哭的工夫都没有，一口气跑到教室，与同学们和老师将门窗堵死，在教室里紧张不已。

这一个小小的意外，却产生了蝴蝶效应，迅速蔓延开来，造成了不小的混乱。虽然出于无意，但是祸患是三毛带来的，一个人的不幸同样引发了其他人的不幸，所有老师和同学都仿佛如临大敌一般躲着那个被三毛招来的不祥之物。这一切甚至给学校也造成了恐慌，朝会取消不说，学校广播还嘱咐其他同学不要出来。

惊恐的心还未安稳下来，另一个不幸便又降临到三毛身上，偏偏又该是她值日，偏偏那个时候又不得不为大家去把水壶装满水，而水是要值日生到厨房大灶上去接的。这也就意味着，三毛要离开这个安全的教室，去面对那头随时会冲过来的疯水牛。

风纪组长有着仅亚于老师的权力，他告诉三毛，不去提水便要被记名，到时候老师就会给她好看。小小的年纪里，读书时光中最看重的便是纪律了，三毛对名誉也分外爱惜，宁愿冒险出去打水，也不愿意被记名。

所以，在心里权衡之后，三毛鼓足了勇气提着空水壶到外面去，她不敢看牛就一路在通往厨房的长廊上奔跑着，等到接满水却无法再狂奔了。绝望的三毛在疯牛与记名之间左右为难，复杂的情绪，在她脆弱的心灵中猛烈地冲撞，不禁哭了起来。

那个时候，学校里有从台湾南部到台北来的驻军短暂驻扎，正好在三毛哭泣的时候出操回来了。部队的出现对三毛来说简直就像救星一般，他们轻松地赶走了水牛，解救了三毛。

如蒙大赦的三毛正准备回去，却听到了身后有声响，她第一个反应就是那头疯水牛又回来了，不禁吓得瘫软在了地上。不过出现的却不是疯水牛，而是部队里的一个士兵。这个人用扁担挑着水桶，身体很壮，眼神却柔和得像个孩子似的。他不会说话，只跟三毛打着手势，还一路把三毛连同小水壶护送到了教室。三毛惊恐慌乱的心，瞬间安稳下来。

　　趁着老师没来，三毛用石头在泥地上写起了字，试图和这个哑巴兵交流。三毛问他是什么兵，结果由于识字不多的原因，那个哑巴兵把"炊兵"写成了"吹兵"，还因为三毛的问询让他高兴得傻笑起来。哑巴"吹兵"还和三毛握手，很用力，很欢喜。而那以后，他们俩便成了朋友。

　　哑巴兵的出现让三毛欢喜，因为向来孤僻的她没什么玩伴，而哑巴兵却可以陪她一起玩耍，哑巴兵的出现仿佛为三毛孤寂的心打开了一个窗口，她感觉到了光明和温暖。那时功课还不忙的三毛，每天最开心的时刻便是和哑巴兵一起玩。哑巴兵也很喜欢三毛，每天早上看到三毛便手舞足蹈地欢迎她。

　　就这样，哑巴兵成了三毛的守护天使，那段时光里，三毛没有受到任何人的欺负，还受到了哑巴兵的独特关照——他经常跟在三毛后面帮她提水壶。三毛的父母知道了哑巴兵和三毛的关系，倒是很放心有人能替他们照顾女儿。

　　三毛会利用和哑巴兵在一起的时间，蹲在地上用写字交流，还充当起了小老师的角色，向他解释"炊"和"吹"的区别。三毛解释得很生动详细，还带着肢体语言，哑巴兵很快便能懂，而写错字的时候三毛便打一下哑巴兵的头。这段"教学相长"的欢乐时光，成为三毛在寂寞学堂里难忘的记忆之一。

　　关于哑巴兵的故事，老师给班上同学讲故事的时候曾有提及，却不让同学们当真。三毛知道这一切都是真实的，因为她和哑巴兵写字、打手势，花了很多工夫了解到了哑巴兵的故事，知道老师说的并不假。哑巴兵本来是四川种田的农民，在媳妇要生育的时候给媳妇买药，却不幸被抓了壮丁，而这一走，就再也没有回过家乡，许多年过去了，他不知家乡变成了什么模样，更不知父母妻儿是否安好，更别说自己的孩子是男是女了。

人们总是对内心缺失的情感犹为渴望。哑巴兵虽然是个儿子、丈夫和父亲，却被剥夺了作为三者的所有权利，而且前两样也没有机会实现了，现在看到眼前的三毛，也该和他孩子差不多大，便把三毛当女儿似的疼了起来，对她倾注了满满的父爱。

很长一段时间里，哑巴兵总是等待着三毛的到来，见到三毛时脸上便绽放出了如花一般的笑容，三毛也很快乐地跟哑巴兵打着招呼。那些朝朝暮暮的上学时光，都有哑巴兵默默的陪伴。

哑巴兵虽然穷，却用他独特的方式爱护着三毛。他剪下一块芭蕉叶，细心地抚平上面的褶皱，让三毛在夏天用来垫课桌，好让她感受到一点清凉；而三毛回馈给哑巴兵的礼物要么是一颗话梅，要么是美劳课的成绩，倒也礼尚往来。下午放学时，三毛和哑巴兵安安静静玩着跷跷板，哑巴兵怕自己重不敢坐，只用手压着，动作很小心。看见三毛眼中满满的快乐，他的嘴角也挂上了弯弯的笑意。

部队本就是短暂驻扎的，一段时日以后，自然要离去。哑巴兵知道很快便要和三毛分离了，他拿出自己最贵重的东西——一枚金戒指，要送给三毛。虽然对钱财没有什么概念，但三毛知道很贵重，便没有收。

对三毛与哑巴兵之间发生的事，老师全都看在眼里。成人的世界与思维总是要比一个孩子复杂得多，老师眼里看到的哑巴兵对三毛的好，是一种企图接近三毛对她不利的意图。于是，借助老师的威严，她禁止三毛以后与哑巴兵接触。

后来的日子里，三毛怀着很大的歉疚感，不敢和哑巴兵接触，连看他一眼都不敢，善良的三毛不忍心看到他受伤的眼神。这让哑巴兵伤心却无能无力。

三毛对哑巴兵还是怀有很深的感情的。虽然也有人会欺负哑巴兵，但哑巴兵只是将这些捣乱的男孩子吓走，并不多予理会。然而有一次，有个男生趁哑巴兵不注意抽掉了挑水的扁担拿去打秋千架，三毛见状追上去便打，她不想看到有人欺负哑巴兵。老师知道了这件事，也了解了前因后果，倒没有为难三毛。生平第一次打架没有受到处罚，三毛倒是有些意外。

哑巴兵为三毛替他打架出头的事感动，同时对三毛既担心又心疼，为她细心掸去身上的尘土，还想要抱一抱三毛，最终却犹豫着走开了。

三毛明白哑巴兵对她如父爱般的情感。只是老师的命令如同枷锁，禁锢了她的心，让她不再敢对哑巴兵做出回应。从此，他们的生命不再有欢乐的交集，只剩下饱满的回忆，让他们彼此都终生难忘。

而哑巴兵也只能在墙角静静地望着她。

三毛的心是沉重和悲伤的，她形容："那种不义的羞耻没法跟老师的权威去对抗，那是一种无关任何生活学业的被迫无情，而我，没有办法。"

再次和哑巴兵相遇，是在三毛去厨房提水之际，哑巴兵像往常那样帮她拎水壶，而距离部队离开的日子也马上就要到来了。在快到教室的时候，哑巴兵放下水壶，也没有像往常写字交流那样用小石子，而是直接用指甲在地上连续而快速地画着问号。

哑巴兵的世界是静默的，他所有的爱和情感压在心底无法向任何人倾诉，更无法开口向三毛问明白她忽然冷落他的理由，只能借由这一个个简单的符号表达心中急切询问却又无可奈何的困惑。

三毛当然是懂的，从一开始她就明白哑巴兵的想法的，只是她有不得已的原因。她看他写下的问号，心里何尝不是像被鞭抽一样难受。她只能写着，重复地写着："不是我！不是我！不是我！"哑巴兵不明白，还以为是因为要送给三毛金戒指，但是三毛无法向他解释清楚，又不想出卖老师，只能委屈地喊叫着，让哑巴兵看到的只是一种表情却无能为力。三毛跑开了，却无法忘怀哑巴兵受伤无助的眼神。

终于到了部队要离开的那一天。三毛和同学们一起唱着歌欢送部队，却没有寻到哑巴兵的身影，却在歌唱到最起劲的时候被打断了，哑巴兵来寻她来了。老师自然不会同意，大声呵斥着，让他走开，但是三毛不顾老师的反对，跑出去找哑巴兵。

要走了。离别前，哑巴兵郑重送给三毛一个书一般大的纸包，用力握住三毛的手，尽可能从他那没有声音的喉咙里发出最大的响声和三毛道别，还对着三毛认认真真敬了一个军礼。哑巴兵走的时候步伐沉重而又压抑，他只是沉默着向前大步走。

纸包里面是"珍贵的"、只有过年时候才能吃到的牛肉干，除此之外还有纸包上的地址和姓名。他不希望这份美好的感情就此断了音信。

欢喜与苦恼搅拌在一起，这让三毛很不快活。

那个时候，三毛的所有心思都沉浸在文学的世界难以自拔，再也没有余力分散给毫无学习兴趣的学科。就在一次月考四门科目不及格后，父母和老师同时严重警告了她。这一次，尽管三毛仍然不认同他们"闲书一点用也没有"的观念，却认真地对待起了学业。这之后的一次数学考试，考试题目都是以前做过的，没有其他办法，三毛只有把那些题全部死背了下来。生平数学考试唯一的一次满分，三毛很平静，老师却很困惑。

在老师眼中这个无异于"数学白痴"的女孩除了作弊外，是不可能考得了这样让人意外的成绩的。于是在单独出题而三毛答不出来后，老师更加认定了自己的判断，便开始对这个作弊又撒谎的孩子进行惩罚。那时的三毛虽然敢于反抗，却也阻止不了老师以职业身份行使的权力。生平第一次，眼睛上被画上了两个圈，但这还不够，羞辱延续到了班级之外，老师让三毛在教室外面走了一遭。哄笑声中，一个敏感而脆弱的心灵深深地受伤了。那刺耳的笑声，像锐利的刀锋，刺入她幼小的心灵。

她不能接受来自别人肆无忌惮的羞辱，在那颗尚未有全面防备的心里，仍然是很在意别人的看法的。这次事件结束后，三毛也暗暗做了决定，她要离开这个给予她无数屈辱和痛苦的地方，所以她逃学了。

逃学是在被母亲逼迫着回学校后的某一天突然做的决定，那一天的三毛望着学校淡黄色的屋顶，不断问着自己，为什么不敢追求自己喜爱的东西？为什么要一直忍耐？然后，转身坐上公交车，一路到了六张犁公墓。

在三毛的眼中，那些沉寂的灵魂要比身边的人好相处得多。幼时的她便爱在坟场玩泥巴，所以鬼魂不会为她带去恐惧，她那颗受伤的心才是恐惧和逃避的理由。

三毛在公墓里静悄悄地读着书，她在这个沉寂的世界感受着无限的自由。尽管有时因为下雨而全身难受，但起码有了安安静静的时间。那一段时光里，除了耳边吹过的风，不再有任何的打扰，整个世界都变得宁静而澄澈，而自己也仿佛失聪了——从来没有用耳朵认真听过什么。书中的世界却是"呼啸"着的，那里有欢笑，有泪水，有所有丰富精彩的生活，这对三毛来说就是全部了。

然而这样自由的时光是短暂的，直到真相揭晓的那一天，三毛被父母接回家，在家中休养了一段时间。仍然没有放弃希望的陈父陈母又将三毛送往学堂，但是结果让他们再度失望——三毛仍然选择了逃学。无奈之下，父母也不再逼迫她去学校，就让三毛在家中自学。在此之后，三毛彻底中断了她的学堂生涯——她终于解放了！

对三毛来说，这意味着一种彻底的解脱，全部的身心仿佛卸下了万斤重托一般。而那以后，三毛更是一发不可收拾，没有负担的身心读起书来更是迅速，她还用压岁钱给自己买了一个竹做的书架，用来读书。后来父亲干脆为她定做了一个专属的书橱，这让三毛感到万分快乐。

父亲为三毛买来了许多书，还给她讲解《古文观止》等古文，没有同学竞争的压力，父亲叫她背的古文也都记忆飞快，很快就掌握了。父母还给三毛买来了一些易懂的英文书，如《小妇人》《小男儿》《李伯大梦》《渴睡乡的故事》《爱丽丝漫游仙境》《灰姑娘》等，三毛一边看一边学，也渐渐掌握了不少英文。父母的爱在不言中，虽然他们始终不懂这个叛逆的女儿，但解除了她的枷锁，给了她一片自由的天空，也许正是因此，她才能丰满羽翼，在后来的人生中，演绎精彩的故事。

外力可以剪断她的翅膀，但是不能消除她飞翔的渴望。她用反抗固执地守护着自己心里的所爱和向往，任何人都阻止不了她做回自己。

陈家的二小姐，这个唯一叛逆的孩子，让父母格外伤神。对他们而言，这个孩子从小就像是走在轨外，一直没有沿着那条笔直的、正常的路在走。这个书香世家，姐姐后来在音乐方面有了不小的成就，弟弟们也都成为律师，只有这个二女儿，一直漂泊着，甚至没有一个正当职业。

可是又有谁懂得三毛内心的坚持？她用尽一生时光，追逐梦想，敢爱敢恨，活出了真实的自己。她叛离了庸常的人生，用笔墨、用脚步勾画了一个浪漫不羁的人生。

爱书成痴也罢，就干脆当个书奴吧，无论什么书，通通拿来看，书橱的藏书越来越多，房间也便越来越好看，有什么不可以。喜爱拾捡东西，那么便捡吧，从小弹珠到木头，通通带回家，当宝贝似的收集着，谁又能想到有一天自己的家也是靠拾荒装扮起来的呢？

然而另外一场风暴却在悄悄接近，毕竟解放了的是身体，但那灵魂却因此而一度紧闭。

独角戏，静默的轨外时光

不是所有的孩子都能幸运地快乐长大，就像那些经历过疾风骤雨的花蕾，还未来得及绽放，便已黯然萎顿。

原本是个自由的灵魂，在学堂的那段时光，却完完全全被囚禁。那一次受辱的经历，让她深受伤害，此后她便将自己的心封闭起来。

三毛得了自闭症。

如果全世界都不给自己开一扇窗的话，那么她宁愿自我封闭在自足的世界中，起码，这是自己的选择。那个正值豆蔻盛年、原本将要绽放美丽青春的姑娘，一夜间合拢了灵魂之窗，再也不愿面对阳光。在姐姐如愿进入音乐师范学校继续自己的音乐梦时，三毛却将自己独自囚禁在房间。窗户外面加铁栏，门上加上一把锁，从那一刻起，她要自己做主，不要再受别人的支配。她想在这一方之地，圈起灵魂的囹圄，这世界在她眼中缩小成她的房间，她的独立和自由就在这里呈现。

既然关闭了心门，纵然是家人也无法随意窥视她内心的秘密了。三毛起初尚且愿意同家人同桌吃饭，但同龄姐弟们的谈话总是离不开学校生活，这对三毛来说无异是另外一种刺激。于是在自闭的路上渐行渐远，如同一位修行者，她把自己结结实实地"束缚"起来，把人生牢牢地攥在自己的手中，任凭世界在脚下喧哗。她只愿在这小小的角落，寂然独舞。

一个人的生活，没有玩伴，甚至没有父母相陪。本该在学堂里的生活被自己斩断后，三毛仿佛一步回归到一个独属于自己的空灵而神秘的世界。每个人都在繁华世间庸庸碌碌，好像也都那么充实而快乐，他们都有必须要做的事。然而此时停下来的三毛才真正有机会可以冷眼旁观世界的模样，细细品味众生百态。这也为她今后文学生涯的开启暗暗埋下了伏笔。在得到与失去之间，生命自会找到平衡。

当正午阒然无声只闻蝉鸣的时候，三毛才偶尔会出来，做短暂的休息，过一过读书外的另一种单调的生活，而这对于她，已经是难得的活动了。

一圈又一圈，听滑轮鞋的声音在院里的水泥地上刺刮着自己的耳膜，仿佛是影子的回响，她就这样一圈一圈追逐着自己的影子，反反复复地完成一次又一次的循环。三毛想，这一切就仿佛自己的生活，一切不过是一圈又一圈的重复。白天，永远不敢让自己暴露在众人的目光中，哪怕一分钟也不可以；也只有在天将黑而没有完全黑透前，才敢怯生生地投身到这个真实的世界中——彻底的黑夜也是令人恐惧的。

三毛幼时所在的台湾，农村田野的气息依然浓郁，家宅附近的大片荒地和农田散发着难以抵挡的诱人魅力。那时家附近有一条长春路，平时很少有人去，一条又一条粗长的水泥桶在漫漫青草间横躺着。在这个独属于三毛的时刻和地点，她喜欢与自己捉迷藏，进出在冰冷的水泥筒间，这让她既感到安全，又觉得有趣。

天黑了，重重浓雾阻隔了前行的路，而每当这时，三毛总期许着迷茫中一抹微弱亮光，给这个"迷路"的孩子聊以安慰。而每每此时，总让人想起舒婷的一首《赠别》：人的一生应当有／许多停靠站／我但愿每一个站台／都有一盏雾中的灯。

雾中的灯，以光芒指引着迷失的人，它本身的存在就是莫大的安慰啊！

七年的时光，三毛曾紧紧锁着心门，无人踏入，她也不轻易走出去，就像那把上了锁的卧室的门，她的心亦是上了锁的。从豆蔻的十三岁到如花的二十岁，除了书，她一无所有。她是孤单的，而她又是充实的。犹忆起《红楼梦》里妙玉的判词：可叹这，青灯古壁人将老，辜负了，红粉朱楼春色阑！雨季花季，她一直没有盛开，只是默默地沉浸在书山墨海，守着寂寥时光，也许就像那朵传说中的七色花，积蓄着能量，只等哪一天惊艳地绽放。

休学在家，与孤独为伴，她的心灵是安静的，也是痛苦的，有时她深觉前途无望，生命无意义。在一个台风呼啸的夜晚，她的情绪终于溃堤。"活不下去了，救我、救我、救我啊！"这是她发自内心的呼喊，她渴望有人能将她从这种压抑的痛苦中解救出去。尽管电话那头的"生命线"耐心劝着，却也拯救不了那颗已经到了地狱边缘的灵魂。痛苦，已经到了一个极限了，她割破左手腕动脉，让血来释放自己的压抑和痛苦吧。年轻的三毛第一次选择了自杀。

花季的少女，还未来得及感受人生的甜蜜，便选择了死亡的深渊，若她真的就此离去这世界该留下多少遗憾，幸运的是，她的故事还尚未完结，更多的精彩，等着她去谱写。三毛的父母及时地发现并立即将她送往医院抢救，与死神擦肩而过后，她终于回来了。为着父母哀哀的请求，为着那已经被缝了二十八针的手腕，三毛妥协了。

可是，长期的自闭以及内心解不开的死结让三毛的脾气变得很坏，尽管父母带她看了心理医生，也吃了不少药，可是内心的伤痛依然无法治愈。她是一只黑羊，注定了叛逆。三毛被心理医生测量完智商——接近于低能儿的 60 分，她彻底放弃了自己。与父母顶撞，叛逆；和弟弟们打架，而且下手毫不留情。这样的孩子，几乎在这个世界里彻底迷失了自己。

她叫自己 Echo——希腊神话里的一位山林女神。她像是回声，她狂恋着水仙，她充满了哀愁。

三毛走不出自己的"圆圈"，里面圈住的都是痛苦的过往，是受辱的经历，是极度的自卑，是巨大的压力，更是一个孤独的身心。转啊转，她转成了一个小小的旋涡——不仅吞噬自己，更破坏周身。也许真的出不去了吧，这个轨外的孩子，也早已放弃了继续前行，在原地转起了圆圈。

是该有一盏雾中的灯出现了，是该有一双温暖的手给她温暖的救赎。她内心呼唤着，却早早放弃了希望。

第三章

恋爱季节：
相逢何必曾相识

钟情画板，恋爱原来如此容易

    三毛是一个充满灵性的女孩子，拥有一双善于发现美的眼睛和一颗能感知美的心灵，对美的事物总是分外地有感觉和天分。也正是因为这份对美的感知力使她爱上了绘画。

    年少时的三毛，遇到的第一幅画出自一位叫毕加索的画家，几乎都没有任何悬念，三毛似乎是惊遇知己般就把心交付与他——没有人能比他更懂自己了，那画里的世界、画里的人，不就是活生生的自我写照吗？在那样一个懵懂的年纪，三毛甚至暗暗在心底想到要将她当时最珍贵的东西——贞洁，献祭般地奉献给毕加索。

    记得在开始读《红楼梦》的那一年，三毛更是因一位驻军少校房中的一幅画，便一眼爱上了美术。那时的她非常喜欢玩单杠，常常倒吊着大幅度地晃着，直到流了鼻血才会意犹未尽地下来。而那一天的三毛也是因着机缘，一位恰巧路过的少校心疼她，带她去了自己的宿舍擦脸。小小的三毛在这位军官的房间，被他挂在墙上的一幅美丽的少女素描像给深深吸引住了。她说自己当时的感受："那是一场惊吓，是一声轻微低沉的西藏长号角由远处云端飘过来，飘进了孩子的心。那一霎间，透过一张画，看见了什么叫作美的真谛。"《红楼梦》的白茫茫大雪让她懂得了什么是艺术的美，而这幅画则让三毛看见了美的真谛。

很长一段时间里，她常常往少校宿舍跑，不进屋却隔着窗户遥望着，她的心已经被那少女像征服了，就像是被下了一种她日后曾在加纳利小岛上听说过的、让人产生爱情的蛊，无法自拔，见不到时像疯魔一样，见了后却又因着"她"的美而落泪。后来少校走了，带走了那幅画，而那画上少女的笑靥却在一个女孩子心里留下了难以磨灭的印象。

三毛的梦想从来都是当个画家，至于作家，她是想都没有想过的。而真正和自己梦想靠近的时候，真正到了她手握画笔的时候，却是在一场人生的大灾难后。那时的她，自闭内向，封闭着一切，拒绝着一切。也许她自己都没有想到，竟然会在这五彩斑斓的线条中重拾人生的精彩。美术之美不仅在年少时触动了她的心，更是在往后的时光里给了她温暖的抚慰。

在她偏离生活轨道的那段时光里，曾经是那么急切地希望有人能拯救她。而她的呼喊，也终于奏效了。这个人，正笑靥盈盈，款步朝她走来，伸出了一双温暖的手，将她拉出了地狱般幽黑的深渊。

顾福生，三毛人生中一位甚至不愿意用文字来描述的恩师，他给予三毛的恩情太过深重，彻底地改变了她的人生，而他们的相遇，竟也是一次机缘。她人生中一次又一次的因缘际会，也塑造了她独特的命运。

这次机缘起于姐姐生日时的一次小意外。三毛的姐姐陈田心邀朋友来家中玩，而其中一个名叫陈骕的男孩子，说要给大家画一场战役。就在白纸上，他潇洒地挥舞着笔墨，战马嘶嘶，吼声震天，焚烧着的篷车和倒下的战马登时在纸上活了起来，就连当时极度封闭、不肯与外人打交道的三毛，也被深深吸引，在众人散后偷偷看了个够。后来那个男孩子告诉三毛，他的老师叫顾福生，是画油画的。就这简简单单的几句话，便在三毛如死水般的内心激起了波澜，她冰封的冬天开始解冻了。

她知道顾福生是"五月画会"的画家，但是那些人都是远如繁星般的存在，而如今，为着一幅画，抑或是为着自己心中不死的一个梦，她要叩响那天幕的门了。

"短短的路，一切寂静，好似永远没有尽头，而我，一步一步将自己踩回了少年"，三毛如是描述着自己初到顾福生家的情景，那等待时的心情，是用"惊惶"来形容的。就在她想要退缩的时刻，那个人，她终生的恩师，却笑吟吟地出现在了她的面前，温暖如春天。三毛对着他微笑着伸出了手，跨近了一步，但那一步跨出之时，二十年的光阴已飞逝而过，最终让岁月流逝得了无痕迹——她仿佛又变成了那个七年前的孩子，依旧情怯。

顾福生和三毛的第一次握手在当时平平，但回想起来，却如同深渊中垂下的一根救命绳索，将她从自闭的深渊里拉了上来。顾福生微笑着对三毛讲话，没有严厉没有紧张，那一瞬间三毛的心开始融化了，她觉得他就是懂得她的人了。她那囚禁了的岁月，那一圈又一圈的心锁，那没有意义的向街的大门，那在街上没有可走的路，那无声的世界，便在这一瞬间远去了，而三毛的世界里重新有了期待，有了希望，有了声音和色彩。

从画室回来的那天，第一次，三毛急切地要母亲给自己买用作擦炭笔素描的新鲜馒头，怕是晚了就买不到了；虽然几日后仍是不能用，但那份焦急和期待的心情却是那么恳切，她的眼中有了灵动的神采。

三毛第一次接触的是素描。顾福生没有过多的言语，只是让她看，让她自己画，他不希望在一开始给她任何的条框和束缚。但是三毛对这黑白的世界感到很困惑和沮丧——她完全画不好，笔下的东西不能成形，在两个月的挫败后，她再一次萌生了退缩的想法。顾福生总是有无尽的耐心，语气永远那么温和，就算是得知她要退缩，也仍然不温不火，问着她哪一年生，轻描淡写地说着："还那么小，急什么呢？"他带她看了自己画室里的油画，那之后开始便教三毛改画油画了。他要用缤纷的色彩，让这个少女的内心斑斓起来。

不仅如此，顾福生还鼓励三毛读书（尽管三毛已经是个书虫），借给她各种读物和杂志，不同于以往的名著，这些都是一些她没有听过的人和各种主义，但这些读物让三毛看痴了过去。再次见面，三毛完全是另一副样子了，面对一颗似曾相识的灵魂，她的心完全打开了。最终，她选择了油画，在斑斓的油料色彩中，三毛用画笔挥洒着自己一直以来的郁结和痛苦。她的心活泼了，生命如春天般蓬勃了起来，释放了自我后，生命里瞬间出现了曙光。

她又"恋爱"了，先是与书和文字，再是与图画。这色彩缤纷的世界，怎能不让她欢喜呢？眼里一旦有了缤纷的色彩，生命又怎会再黯淡无光？从此以后的三毛，已经渐渐走出了生命的灰色调，生命里开始有了色彩鲜艳的颜色。她在生命的起起落落中走出自己独特的生命轨迹，苦涩与温暖交织，伴着她走向未来的风景。

青春，从一双红舞鞋开始

安徒生笔下的红舞鞋是鲜艳夺目的，但也是残酷的，名叫珈伦的小姑娘喜爱这双红舞鞋，她贫穷的过往被这鲜艳的色彩所遮盖，尽管收留她的老太太收起了它，她还是忍不住那鲜艳的诱惑，于是她穿着这双美丽的红舞鞋跳舞，一直翩翩起舞，从白天跳到黑夜，从田野跳到草原，在雨里和太阳下跳，直至筋疲力尽不得不被安琪儿砍去双脚……在三毛幼年的记忆里，这是和鲜血掺杂在一起的故事。

三毛的青春，也是从一双红舞鞋开始的，只不过，这段故事没有什么残酷的惩罚，有的只是惊艳和欢欣。

早在这双红舞鞋出现前，三毛就曾一度痴迷于鞋子，只不过后来的那次自闭经历让她对一切都暂时失去了兴趣。三毛幼时爱穿的是布鞋，小小的鞋子承载了她太多欢乐童年的记忆，那轻盈的脚步伴随着笑声让她一路成长。孩子的眼里，舒服的便是最好的，尽管母亲后来为三毛买了一双时髦的皮鞋，三毛还是固执地拒绝了，只因为鞋子是硬邦邦的。后来在台湾，三毛换上了白球鞋，这种舒服又方便的鞋子也有布的成分，让她觉得接近大自然，身心也得到了从未有过的放松。当时，三毛最常穿也最爱穿的也是球鞋，皮鞋总让她觉得万般不适。

从顾福生教她学画开始，三毛的人生已经有了一个大转折，一直以来单调的灰白占据着她的所有生活，直到它们被那些五彩的画笔涂抹上了彩色。她紧锁的心门被打开了，那封闭的世界开始有了光亮。

那还是在学画的时候，披一身黄昏的霞光，三毛提着油污斑驳的画箱下课回家，却突然与四个如花似玉、娇娇滴滴的女孩相遇。相互间的彼此打量，让三毛第一次意识到除了自己以外的存在——原来还有和自己不一样的美丽的姑娘！后来三毛才知道，她们是老师的姊妹。美是启迪灵魂的魔棒，一旦触碰到内心便会一发不可收拾，三毛先是在书本里感受到了美，然后是画给予自己强烈的美的冲击，再然后，是这四个美丽如天使般的姑娘的出现。第一次，三毛注意起了生活中真实存在的美，也是从这时起，她开始打量起了自己。

回家的三轮车上，三毛低着头看着自己毫无颜色的素淡衣服，再回想着那让人目眩神迷、惊鸿一瞥的四个美丽女孩，第一次有了丑小鸭在白天鹅面前的自卑。在她以往的世界里，她似乎忘记了如何审视这个世界，忘记了如何发现周遭的美好，蓦然回首才发现，原来自己错过的已经太多太多……

唯一的姐姐性格安静，读书用功，从来不曾注意穿着，而从小埋头书堆的三毛也从来不曾在意着装。但是如今，意识到自己原来也是和那四个安琪儿一样年纪的女孩子，三毛不禁分外注意起了穿着，于是，她羞怯地告诉母亲，她要打扮了。

三毛第一次为自己选择着装，在这个渴望色彩惊艳年华的年纪，三毛的目光停留在了一双有着淡玫瑰红颜色软皮的皮鞋上。这双红色的鞋子瞬间让三毛的世界充满了色彩！三毛穿着这双红舞鞋，喜爱到不愿脱下。

三毛后来说，那是她第一双粗跟皮鞋，也是她从自己藏着的世界里心甘情愿迈出来的第一步。布鞋、皮鞋与否已经没有关系了，因为鞋子的意义有了不同：尽管布鞋、球鞋贴近自然，但是现在就连皮鞋都能带她贴近新的生活，自然又是另一种喜爱了。

拥有红舞鞋仿佛就是一种狄德罗效应，总是希望有美的、相配套的东西来配它。再一件便是衣服了。可是那时的家中还没有宽裕到买得起洋装，三毛也明白那是一种无望的期待。可是，对新衣服的欲望这样强烈，以至于第一次偷偷穿了由母亲转交给别人的一件衣服。那是一件淡绿的长毛绒上衣，加上那双红舞鞋，这是野兽派画家马蒂斯最爱的配色，这也是三毛很心仪的搭配。

有了新衣的三毛第一反应不是先自我欣赏，而是急于和"白天鹅"相比较。可是，穿着新衣跑到画室的她，在她自以为最美的一刻，却没有碰到她们。接下来在画室的时光差点变成无法挽回的灾难——尽管再小心，她的衣服前襟上还是沾上了一块油彩。为着下午就要送过去，着急之中的三毛"剪草坪似的"将那一圈沾色的长毛给剪掉了。那个曾经什么都不在乎、什么都不感兴趣的三毛，竟也会为了一件新衣着急得手忙脚乱。

不得不说当年的那间画室，是个神奇的地方，不仅给了三毛心灵以色彩，更是让她真实的生活之中充满了色彩，将她滋润灌溉成了夏日的第一朵玫瑰。自那以后，三毛关于爱和美的幻想就萌发了，并且变成了文字，又变成了铅字——她幻想了一个爱情故事并用文字记录下来，投给《中央日报》，过不久刊了出来。而又在那之后的流浪时光中，在万里外沙漠里的家中，三毛将那小小的寓所装饰成色彩斑斓的"城堡"一般。

青春，因着一双红舞鞋而热烈地绽放了，三毛跳啊跳，这双鞋子带她跳出了自己压抑灰暗的童年，带她跑出了那如同墓地一般寂静的无声世界，更带她闯进了人生中充满活力和激情的"舞会"。她的世界开始有了舞蹈，开始有了音乐，开始有了色彩。

和那个被砍去双脚的不停跳舞的叫珈伦的小姑娘不同，三毛不骄傲、不虚荣，相反却是那么地自卑、失落。安琪儿祝福着她，亲自将这双红舞鞋机缘巧合般送到她面前，教她开始走路，教她开始跳舞。这双红舞鞋曾让一个骄傲虚荣的姑娘丢掉了双脚，却又让一个自卑自闭的女孩开始了舞蹈，这惊艳而危险的存在，在三毛，只是破除了那虚妄危险后的美丽存在。红舞鞋，弥补了她那一段空白的青春时光。

有幸相知，无幸相守

　　总有那么一个人，曾经深深地爱过，却无法相守走到最后，仿佛一个魔咒，只能是有缘无分。面对心底里的初恋，有多少人能释然地不带半点伤感？当匆匆的时光，将故事拖向终点，曾经的深爱与深伤都将成为青春的背影，无论你的脸旁垂下多少泪滴，却只能目送它离去。

　　三毛的青春来得晚了些，从初中那场人生的大转折开始，她已经将自己的时光冰冻了起来，这一"静止"便是七年。七年之中，所有的一切都是灰色调的，空洞的时光对她来说，并无意义，七年前，刚刚萌生的对异性的别样情感也是无疾而终；七年后，因着顾福生的出现，三毛的世界开始慢慢打开，被她冰冻起来的时间也渐渐解冻，开始了正常流转，又因着一双红舞鞋，她才开始踏入青春。青春姗姗来迟，却总归还是来了，一段甜蜜而苦涩的故事也终将开场了。

　　然而，青春的故事里，总是要有那么一个人出现的，否则这场青春盛宴总是一场遗憾。期待的心不会因为打击而停止跳动，反而因为磨难而更加渴望。

　　初中起就中断了读书生涯的三毛，在走出自己世界的阴影后，竟意外得到了上大学跟读的机会，那时的她，成为文化学院第二届的学生。

　　热爱文字的人，总是对能够赋予文字以生命的人青眼有加甚至是崇拜，所以当那位大名鼎鼎的才子出现在三毛生命中后，心中的火焰立即就被点燃了。

　　他是戏剧系的一个男孩子，比三毛高一级，但名声很盛——读大学不久已经出了两本书了。这位才子叫梁光明，有一个很好听的笔名叫舒凡。读到了舒凡的文章，三毛便深爱上了这个人。他的文章写得太好了，让她震惊和感动不已，她从他的文章中仿佛听见了他的心声，他们这么近，又那么远。

　　舒凡和三毛一样又不一样：一样的是他们都不是纯大学生，不一样的是彼此各异的经历。舒凡是在当过兵后才来读大学，以前还做过小学教师。但是这些都没有他的文章吸引人，那是可以让三毛对他如同英雄般崇拜和仰慕的。这已经不是面对匪兵甲时所产生的朦胧少女情绪了，她的心告诉自己，愿意把所有的爱都交付给这个人！

　　一个如此优秀出名的才子，追逐的人肯定不止三毛一个，但是偏偏，三毛却是他见过最执着和最有勇气的一个女孩子。

　　她已经无法自拔地爱上了他，因为这份浓烈的爱，三毛变得格外勇敢，所以她总是跟在他走过的地方，从教室到小面馆再到公交车上，竟一直跟了三四个月。这样的每天碰面，两个人都已经很面熟了，三毛期待着舒凡会主动跟自己打招呼，可惜他却总是视若无睹。三毛的心受着爱情热烈的焦灼，第一次深深地为着一个人而受煎熬，可是这在一开始是一场单方面的相思和暗恋。

三毛喜欢他却不知怎样才能赢得他的心，这让她感到一阵阵的苦涩和失落。舒凡有他的骄傲，并不会放下身段来刻意接近默默无闻的三毛。没有得到回应的三毛始终只是一个局外人。

也许是命运听到了她的心声，也许爱文字的人自会因为文字而结缘，在三毛连续发表几篇文章后要请客的时候，舒凡出现了。他被同学们叫过来一起聚餐，而作为主人的三毛终于有了和他面对面的机会，可也只是一刹那而已。举杯喝过酒，舒凡一句话也没和三毛说，便转身与其他同学干杯共话了。

热望与淡漠形成了巨大的落差，三毛的心中充满了挫败感，但是她不肯承认舒凡一点也不在乎自己，硬是把这躲着她的行为当作是重视的表现，不然为什么他不和自己大方地说话呢？三毛这样说服着自己。这段故事尚未开始，所以她也不会轻易认输。

错过和相遇，都是一种缘分。就在大家散了后，独自在操场上走的三毛赫然发现了不远处的舒凡。

就在那一刻，时光飞速交织着，也许是她想起了和匪兵甲之间的遗憾，也许是她真的太喜欢他而不愿意错过了，那一刻的三毛决定主宰自己的幸福，踏出这勇敢的一步。从此后，世上有了一个敢爱敢恨的三毛。

在四目相对无言的短暂沉默后，三毛从舒凡的衣袋里取出钢笔，将他的一只紧握的手拿了起来，摊开，在掌心上写下了自己家的电话号码。那一刻的三毛紧张、幸福却又释怀，转身后的她，眼泪却是扑簌簌地掉了下来。曾经那个自卑的女孩，却为爱如此勇敢，爱让她重新活了过来。

有了这大胆而又让人万分紧张的举动后，三毛无心再上课了，干脆逃了下午的课，回家守着电话，只要电话一响就喊道："是三毛的！是三毛的！"而她的等待竟奇迹般地没有落空，舒凡真的约了她，在下午的五点半，约好晚上七点钟在台北车站铁路餐厅门口见面。

三毛赴了他的约，人生中第一次的约会，便是和自己仰慕已久的人相会，她快乐得不能自已；而更让她感到幸福的是，他们走在了一起。

在以后相恋的时光里，每当他们在学校中走过，便会引来其他人的羡慕和祝福，这一对才子才女终于走到一起了，多么美好的事。

往后的日子，甜蜜幸福，恋爱时光伊始总是格外美好。但是没有多久，初时的甜蜜渐渐褪去，两个人便发觉日子开始变得平淡了。每天一样的散步、吹风和淋雨，又总在一成不变的那些地点，岁月似乎就在这些平淡安然的踱步中悄然溜走了。

三毛是个重情的人，也是一个"热情"的人，更因为舒凡马上要毕业了，她的心开始变得焦灼不安，开始莫名情绪不好，还会因着舒凡表现出的好心情而觉得刺痛。终于，这根紧绷的弦受不了了，三毛决定要一个结果。

"你毕业，我休学，两人一起做事，共同生活，总可以吧？"三毛固执地说着，希望舒凡对自己给出一个承诺，希望他能够娶她。然而舒凡是十分现实的人，既不想拖累三毛，也不想在自己事业未立足之前安定下来，总是婉言相拒。

舒凡不能理解三毛心中那如火般燃烧着的爱，那么炙热，甚至不惜烧毁自身。三毛心知舒凡不能给她一个承诺，但是她要试一次，哪怕是"恐吓"也好，一定要他给她一个答复。

三毛告诉舒凡她有朋友在西班牙，要是他毕业后不再和她在一起，她就出国去。其实她根本就没有什么朋友在国外，甚至一个人也不认识，这一切不过是个幌子而已。

三毛准备用出国来让舒凡妥协，她把所有的筹码都押在了上面。而当签证和手续全部办好后，两个人却全都不知怎么办才好了。临走的前一天，她仍抱着一线希望，告诉舒凡："机票和护照我都可以放弃，只要你告诉我一个未来。"

可是，她没有未来了，没有舒凡在的未来了。向来冷静的他，自然会做最理智的决定。那天，两个人深夜里听着收音机，在三毛的逼迫下，舒凡不说话却流下了泪。舒凡和着收音机给三毛唱了一首《情人的眼泪》："为什么要为你掉眼泪，你难道不明白是为了爱？要不是有情人跟你要分开，你眼泪不会掉下来，掉下来……"

他的歌声包裹着伤心的回答，三毛的眼泪也跟着歌声潸然落下，而舒凡跟她道了声旅途愉快。

都结束了，一切都结束了，没有未来了，从相遇到分开，他们故事已走到了终点，曲终人散，留下的是曾经的回忆和无限的伤感。三毛知道，这一次，以后的路只能她一个人孤孤单单地走了。既然这是个伤心地，那还不如离开吧。只是感情再也抑制不住，她扑过去对舒凡又哭又叫地打着，可任凭她怎样挣扎，却已无法改写结局。

缘已尽，情未了。娑娑泪眼相望，眼前的情人早已不是当初的模样，一切恍若隔世，挚爱已成陌路。这个世界上最遥远的不是未来，而是曾经，那些逝去的岁月再也回不去了……

而那之后，三毛人生中的雨季也终于画上了一个句号。经过爱情的洗礼，三毛在爱与痛的交织中，渐渐成长了起来。

"我会再度看见阳光驻留在我的脸上，我会一遍遍地告诉自己，雨季过了，雨季将不再来。"舒凡与三毛了断得那样决绝，生命之中的第一次真正爱恋就在现实生活的桎梏面前默然叹息。

结果已经无法改变，就只好让它随风而去。尽管不知明天是什么模样，但昨日的悲喜依然镶存在记忆之河。是不是总有那么一个人，注定只是在生命里停留一刻，然后便离开了呢？三毛不知道，但是因为爱再一次改变。这份爱给他留下了伤痛，却也让她完成了生命的蜕变，他们一起相恋的两年时光里，三毛褪去了羞涩和自卑，出落得自信而美丽，纵然他们无缘相守此生，却也在最美的年华照亮了彼此的生命。

慧眼，成就了另一场繁华

时光的洪流，冲刷着世事，迎接未来，送走过往，那些曾经的甜蜜与苦痛，在送一段成长后，便化作风烟，飘到了往事的天空。

三毛自己曾说，当三毛还是二毛的时候，她是一个逆子，她追求每一个年轻人都在追求的那份情怀，因此，她从小就不在孝顺的原则下去做父母要求她去做的事情。即使用离经叛道来形容那时的三毛也并不是很夸张，为什么在十年之后，却成了一个凡事有爱、有信、有望的女人？在三毛自己的解释里，总脱不开这两个很平常的字——时间。她相信时间的力量。

对三毛来说，十年来，数不清的旅程，无尽的流浪，情感上的坎坷，都没有使她白白地虚度她一生最珍贵的青年时代。这样如白驹过隙的十年，再提笔，笔下的人，已不再是那个悲苦、敏感、浪漫而又不负责任的无知少女了。

有人说，时间是件恐怖的东西，它能带走美丽的容颜，也能带走美好的记忆，让现实面目全非，但时间又确实是件好东西，它能沉淀过往，更是疗伤圣药，经过时间的洗礼，真实的更加真实，虚伪的也将被揭穿。

回首三毛的整个青涩时期，首先跃然纸上的就是三毛当年的受辱事件，再度回首审视，它已变得很轻，那也许就是件伤自尊的小事罢了。可是当时的三毛，却承受着不能承受的重量。

而同样的故事，放置在她另一段生命的时光，她便会选择勇敢地反抗，就像她在西班牙留学时，受到欺负后的勇敢反抗。

但是，当年那个小小的少女，脆弱而稚嫩，没有各种经历的积淀，她还什么都不懂，是一张纯净的白纸，数学老师那重重的一笔，把三毛这张白纸完全涂黑了。重重砍在三毛心上的一刀，可以说就是这一刀毁了三毛的整个青春时期，让三毛整个人坠入了黑暗的深渊。

顾福生的出现，给她黑暗的世界带来了一缕久违的曙光，把她带回了正常人的世界，让她悲伤的眼神重放光彩，让她黯然的脸颊绽放迷人的笑容。我们才能看到一个成熟勇敢的三毛，因此，三毛对顾福生的感情是很复杂的，爱慕有之，崇拜有之，感激亦有之，在三毛的内心深处，顾福生始终占有一席之地，留下了深刻的痕迹。

世上本没有完美的事，再奇的女子，也要在人间烟火中寻找情感的寄托。她迷上了舒凡，也确实是痴恋，痴到最后竟狠心地放逐自己。初恋总是微甜又青涩的，结局也往往是让人遗憾的。

她的爱，像炙烈的太阳，因为爱得太深，才不小心，灼伤了爱人。

三毛喜欢舒凡，喜欢到难以自拔，女孩子总是特别喜欢黏人，三毛更甚，只要舒凡走到哪儿，她就跟到哪儿，无时无刻都想跟在舒凡的身边。似乎只有这样才能表达她的喜爱之情。但是，爱情也需要彼此的自由空间才能生存，三毛爱得累，舒凡被爱得也很苦，三毛的爱，就像一根捆仙绳，紧紧地束缚着舒凡，令舒凡感到很不舒服。

当三毛用出国威胁舒凡结婚的时候，那根捆仙绳就紧紧地扼住了舒凡的咽喉，舒凡不能呼吸了，他们的爱也没有了赖以生存的氧气，奄奄一息，终于用一句"一路顺风"结束了他们的感情。三毛也因为感情的打击，逃出了国外。也正是这次感情的失败，才让三毛真真正正地成熟起来，在这以后，三毛不再是那个敏感而脆弱的女子，她变得理智而坚强。

可是，对爱的向往和执着，让她再一次受伤。后来，三毛怀着一片赤诚之心，爱上了一位画家，总以为他就是那个对的人，是能陪伴自己走一辈子的人，是能为自己排忧解难的人，是能为自己撑起半边天的人。

可是，现实给了三毛重重的一巴掌，三毛还是太年轻，太愿意相信人，纯真到相信爱情能够克服一切，而她看不清这个男人的真面目。于是，最后的最后，残酷的事实摆在了三毛面前，他早已有家室。

时光能揭开诺言，还原真相。那个她爱的男人是个彻头彻尾的骗子，欺骗了她的感情，让她在所有人面前狠狠地丢了一次脸。现实给三毛上了生动的一课，让三毛迅速成长起来。

祸兮福之所倚，福兮祸之所伏。在得到与失去间，生命自能寻得平衡。正因为早年的这些丰富的经历，三毛在往后的人生路上才能够且行且从容。或许在很多人眼里，三毛早些年的经历过于坎坷，殊不知，正是这些，才能让三毛快速地从一个离经叛道、自闭敏感的女孩，成长为那个"我知道，我笑，便面如春花，定是能感动人的，任他是谁"的自信女子。

有的时候，经历得多了，计较得就少了；感受得多了，不能原谅的就少了。每个走弯路的人，都是有故事的人，都是洒脱的人，看淡了，也就看开了，疾风骤雨过后，便有一片广阔的天空，任你遨游。

第四章

挚爱荷西：
漫长等待守护真爱

倾情，西班牙的东方公主

所有的相遇与错过都是一种命运，她错过了一段恋情，却遇见了一个浪漫的国度。这座西欧的浪漫之国一直静静地矗立在时光轮回中。冥冥之中，它在等待着一个东方女子的到来……

不管是否因着修补她那颗失恋的心而来，西班牙对于三毛来说，是一个浪漫的选择，是一种特别的挚爱，特别是后来当她留学结束，回到台湾而又再度来到西班牙时，几乎都是带着一种乡愁般的情绪。她与西班牙结缘，甚至是一生的幸福都赋予了这个第二故乡。

西班牙是三毛人生中一个大转变的开始，也是另一个大转变的结束，无论她漂泊了多少地方，到这里总是流连。这里有她梦中的橄榄树，是一个让她魂牵梦绕的地方。

三毛喜欢西班牙的许多地方，这里的每一处独特风景都让她沉醉不已，带给她独特的异国体验。在这里，三毛是西班牙的东方公主，她快乐而尊荣，仿佛这里是她的国土一般。

作为一个有着拾荒梦的女孩，三毛对一切旧货都青睐有加。西班牙的马德里旧货市场就是一个让她分外钟情的地方。

旧货市场只在星期天有集市。三毛每到星期天便会起一个大早，也不坐车，徒步半小时便到。这是西班牙最负盛名的露天市场之一，面积十分庞大，占了十几条街道，而物品从新品到旧货琳琅满目、一应俱全。在这里逛街不仅有可以淘到好多东西的乐趣，就连走在其中都会有别样的收获：这里有马德里最浓郁的人文气息，而且每到集市，总是有一种欢快而舒畅的氛围，让人分外地兴奋。

因为是旧货市场，所以整体的物价水平都不高，往往可以用很低的价格买到十分独特的东西，包括设计新颖、款式独特的衣服或配饰，或者是各种稀奇古怪的小玩意儿。

马德里的旧货市场仿若天堂般的所在，三毛在其间流连忘返，乐不可支。这种探险一般的新奇旅程让三毛深深地着迷。三毛也不愿意称她的淘宝行为是节俭，毕竟出于兴趣的事，无关钱财。

对一个虔诚的基督徒来说，教堂是除了家以外另一个愿意长久流连的所在。三毛便是这样一个虔诚的基督徒。所以在西班牙，马德里的教堂是她常去的地方。因为在旧货市场的不远处，所以每次逛完集市，三毛总是跑去教堂，却什么也不做，只是安安静静闭上眼睛坐着。教堂里总有古老的管风琴音乐在演奏，伴着这音乐沉浸在自己的情绪里，思绪飘出好远好远，三毛感觉自己仿佛置身于另一时空之中，这一坐便是好久。

当时的三毛还在马德里大学读书，在哲学系进修，为期两年。

在三毛入学时，这座西班牙元老级的沧桑名校已经有七百多年历史了，一向是作为欧洲精神文明支柱的存在。

三毛选择修读哲学系并不是出于什么利国利民的伟大理想抱负，只因自己曾听过一张西班牙的古典吉他唱片，那动听优美的音乐引发了她无穷的想象，那里面有蓝天白云、田园牧场和村庄，这一切都让她格外动容，认为是哲学的境界；另一个原因则是出于能够从那里获得安慰，将那一份哲学里的苍白去掉，也顺便将她心中那失恋的苍白抹去。

三毛十分热爱那色彩与线条交织的绘画艺术，当她从失恋的阴影和伤痛中走出来后，哲学对她来讲反而就没那么重要了。她选修了艺术课，但是很快便不满足于课堂上所讲的那些知识，希望能够亲自看一看名家的作品。

三毛去普拉多博物馆是一种偶然也是必然。作为世界上藏画最多的一个美术馆，普拉多博物馆拥有数不尽的艺术珍品，这对三毛来说是个极度的诱惑。虽然当时逃课出来看画是一时的心愿，但是到了这里后，她便一发不可收拾，情不自已了。

对三毛来说，普拉多博物馆是一个"美得冒泡泡"的地方，这里有大画家哥雅、维拉斯盖兹、波修、葛列柯，还有许多人们不是很熟悉的宗教画家。她觉得这里是另一间大教室，是生动的课堂，逃课一点也不让她觉得有负罪感，反而内心觉得安然，每次出了宿舍便忍不住跑去博物馆看画。后来三毛干脆连自己主修的哲学课也不怎么去上了，经常借同学的笔记来抄。只为有更多时间，去感受那些伟大的画家们留下的珍贵画作。

三毛钟情毕加索，而她不知道的是，毕加索在马德里上学的时候，也是经常逃课去普拉多博物馆看画。虽然没有成为毕加索的"另一个女人"，但是两人的性格中狂热随性的部分却是那么相像。这在另一种程度上，也算是圆梦了吧。

异国求学的生活亦不都是快乐美好，避免不了会发生一些小插曲。在马德里上学的三毛，带着中国一向谦和有礼的态度，对室友很客气友好，甚至会帮她们铺床和做卫生。但时间久了，她的室友们便对这一切习以为然，还会经常差使三毛，不管她有事还是没事做。这一切让三毛觉得痛苦极了。因为文化差异，她们并不了解三毛所遵从的礼节和礼貌，国内的那套行为处事法则在这里是完全不适用的。深思之后，三毛终于意识到问题的所在了。

为了改变现状，赢得认可，三毛不得不抛弃以往的教条，开始适应新的生存法则。她和室友大闹了一场，既然西风不识相，那么便不再退让吧。

一番针锋相对的争执后，她得到了应有的尊重，性格也变得泼辣了。用她的话说，自己已经从那个多愁善感的林妹妹变成了泼辣的凤姐。这一切都是环境改变的。她用这样一种激烈的方式为自己赢得了人生中的第一次战役，这一战便成名，她成了这里的东方公主。

三毛在西班牙的经历替她打开了人生中另一种可能，那就是与以往完全不同的生存方式。由此可见她的选择是正确的，在父母的溺爱保护下自己永远也不能有独立的人格，西班牙的异域生活，让她最终破茧成蝶，活出了自信与美丽。

这个性格倔强的姑娘，在生活的洗礼中变得越发美丽，也渐渐赢得了许多青睐。学校里有一段时间，有情歌队总到三毛宿舍底下唱情歌，总有一首歌是指名要唱给"Echo"听的。当浸在阳台月色中的少女沉醉在其中时，生活也似乎为她打开了一条新的幸福道路。

　　三毛开始交往异国的男孩，每段感情虽然都很短暂，却让她在品尝短暂的甜蜜后也看清了很多事，她越发了解自己内心真正的渴望。三毛开始有了精彩的生活，但是她一直守着内心的那份纯真和界限，决不让那些奢靡的生活方式和随意的性态度侵入她那独有的领地。

　　三毛认真交过一个男朋友，他是一个严谨的德国人，用他刻板的方式爱着三毛。而相比起三毛，他更爱自己的理想和事业，梦想成为一名外交官，并且为着这个目标而刻苦努力着，很少有时间来陪三毛。他甚至还觉得，三毛应该更努力才是，这样才能有资格成为一个外交官的太太。

　　这样理智而刻板的人，终是无法走入三毛柔软的心。三毛不想要做什么受人瞩目的外交官太太，她只想要一份爱情，一份能够相濡以沫的温暖爱情。所以，他们的故事注定走向分离，她和他分手了。

　　这位有着独特魅力的东方公主，不屑富贵，却有着真正高贵的灵魂，爱与纯真是她的王冠，唯有一颗纯真的心，一个真正懂爱的人，才能够成为那个对的人。

几度辗转流浪，几度风雨飘摇

　　当梦的种子，在三毛的心中生根发芽，流浪便成了他的宿命。总有那么一个理由让她无法在同一个地方长久停留。马德里读书时认识的那位德国男友便是三毛再度离开马德里的原因。那段时间，男友要回国，三毛便申请去了西柏林读书，修读于歌德学院。

　　如果一开始是为情，那么之后的日子便是三毛人生中另一段独特的经历，是另外一场人生的必要修行。

　　在德国，三毛遇到的第一个问题便是语言和沟通的障碍。课业十分繁重，对于才到德国不久的三毛来说，一切都是艰难的。那段时间，三毛常常感觉时间不够用，德国特有的严谨更是让她倍感压力，她总觉得背后像是被人用鞭子抽打着前进似的。

　　三毛在青年时代是很喜欢逛百货商场的，尚在马德里时便常常在课余去逛几圈；到了德国后，课业的繁重使得她只能在上学途中提前一站下车，匆忙进入百货商场逛一圈然后继续赶往学校，这样简单的活动却成了她当时唯一的娱乐。由于父亲给的生活费有限，三毛很多时候也只是单纯地逛逛，不买什么东西，但是对百货商场仍有着强烈的兴趣。

有一天，三毛在报纸上发现了一则广告，要征求一个美丽的东方女孩为法国珂蒂公司做香水广告，工作既要拍照又要推销香水。为着能够赚一笔钱的想法，三毛大胆地寄去了几张她的彩色照片，没想到竟然被公司选中了。

公司给的薪水也是很诱人的，每天四十美元，要做十天，在三毛看来，这是一个非做不可的买卖了。尽管当时的课业很繁重，而且十天下来很有可能赶不上其他同学，但是三毛下定了决心，白天辛勤工作，到了晚上则着力于课业。

一开始，三毛是极其兴奋的，还特地跑了好几家租戏装的仓库，租了一间有着大水袖、镶淡紫色宽襟、胸前还绣有一大朵淡金色菊花的墨绿色缎子衣服。服装上身后，三毛感觉自己平添了些许神秘的东方韵味。但令三毛没有想到的是，她不仅要穿这件衣服照相，还要穿着这身行头完成在百货商场的推销介绍工作。三毛在这段时间里充分体会到了赚钱不易这个道理。但是既然选择了，就不可能回头，她从来不是一个半途而废的人。

百货商场的部门负责人在三毛到商场的第一天，就结结实实地给她上了一课，要让她在一天之内记住所有货物的名字，还要向来往的客人介绍。那个时候，三毛来德国还不到三个月，学过的德文很有限；而正值圣诞节，各种货物在商场内大量增加，负责人却要她记住每一层柜台的每一个物品的名称，这于三毛而言，简直是巨大的考验。

本以为只是向来往的客人喷一喷香水这样简单轻松的工作，没想到还要记住那比一本电话簿还要厚的货物名称，在这几乎不大可能完成的任务面前，三毛想到父亲为给她寄钱而辛苦伏案的身影，便将这一切都忍了下来。

在商场，虽然每四个小时可以休息二十分钟，但是工作量还是很大，三毛也总是趁着休息的这段时间跑去洗手间，用凉水去泡她那已经发肿的脚。每当深夜回家，尽管脚痛，三毛却怎么也舍不得花钱去坐出租车。

在商场经历的十天犹如一堂生动的人生课，三毛看惯了百货商场的浮华和店员的艰辛，也恨透了这个地狱般的地方，以后竟再也生不出对百货商场的兴趣了，对父母赚钱的艰辛也有了很深的体会，以至于在拿到属于她的那份工钱后，连一双丝袜也舍不得买了。许多事情就是这样，要真正经历后才能深深懂得。

三毛的父亲倒是对女儿这一次经历后的转变感到很欣慰，觉得德国改变了女儿，让原本任性、随性、不懂得考虑别人的任性姑娘变得温厚了许多。

在西柏林读书的那段日子里，三毛还认识了一家德国人，和他们相处得十分愉快，几乎都成了娘家人一般的关系。家中的小妹要结婚，指名要她做伴娘；而家里最疼三毛的是女主人，一位和她后来婆婆同名的叫作马利亚的妈妈。

有一年圣诞节，三毛本来打算去马利亚家中过节，但是雪太大，三毛便打电话告知不能拜访的遗憾，电话那边的家人听了之后很是失望。但是三毛也终究没有逃过她心里面对于这家人的思念，就在这个圣诞夜，开车从民主德国到了联邦德国境内，就为赶到马利亚的家中过圣诞节。

家中早就有人在雪地里等待，待到三毛赶来，一家人都十分开心。马利亚妈妈一直想让三毛给她做儿媳，可惜三毛没有实现她的愿望，在个人婚姻方面，她一向是有自己主张的。后来，三毛虽然也曾在孀居后再度拜访，但在作为纽带般存在的马利亚妈妈死后，三毛就再也没有回去过了。

之后三毛又踏上了广袤的美利坚国土，在芝加哥的伊利伊斯大学申请到一个主修陶瓷的学习机会。与此同时，三毛还在这所大学法律系的图书馆找到了一份兼职。

漂泊辗转的生活，三毛感到忙碌而充实，也遇见了新的情缘。正是在美国的这段时间里，三毛又遇到了一位对她产生爱意的异性。他是一位化学博士，亦是三毛堂哥的好友，受托照顾三毛。异国他乡遇到这样一位活泼美丽的女孩，博士自然而然地爱上了三毛，细心体贴的他会每日为她送去专属食物。在这样平淡相处一段时日后，终于有一天博士问三毛："现在我照顾你，等哪一年你肯开始下厨房煮饭给我和我们的孩子吃呢？"

他的表白含蓄而温暖，但三毛对这位博士，只当他是兄长一般，也从未对他有任何的表态，对待感情，她有着自己的坚持，所以尽管三毛堂哥也想要撮合他们，三毛仍然婉拒了。她明白自己的心，她知道这个人虽然温暖宽厚，却无法走入她的内心，既然已经如是，那便不能再误人终身，那之后三毛也离开了美国。

三毛又辗转回到了台北，这个一开始离去时的伤心地。离开台北前的三毛对家乡的一切都带着一种灰色调的印象，这次归来，为着父母也为着一份心里的安宁，三毛打算长久住下来，对一切也都分外认真了起来。

回台后不久，三毛认识了一个人，很快两人便坠入了爱河。但是怎奈三毛遇人不淑，准备结婚前才知道对方是有妇之夫。面对这样一个爱情骗子，伤心欲绝的三毛选择了抽身而退。但是也就是在这个时候，她又遇到了生命中另一个对她很重要的人。

这是一位德国籍教授，比三毛要大很多，他出现在三毛的生命里，抚平了她因为前一段感情而受伤的心，而三毛也决定要和他携手终身了。但造化弄人，就在结婚的前夜，新郎却突发心脏病猝死，丢给了三毛一个巨大的噩耗。

那一段日子，三毛跌入了痛苦的深渊，伤痛与回忆苦苦交缠，让她难以解脱，她甚至不知道是怎么过来的，只知道从那以后她终身落下了胃痛的毛病。

本以为要长久住下去的地方，以一种意想不到的方式结束了计划好的平静，也许命运不愿让这个追梦人停下脚步，才不顾她的疼痛，抽离了她的安稳。三毛注定了还是要继续漂泊，继续上路。

台湾啊，为何总是跟它有诸多分离的理由？这一生，在辗转流离的风雨里，又有多少故事匆忙结尾？

六年，邂逅亲爱的大胡子

时光能让物是人非，也能让故事走向完满，属于三毛的故事在渐行渐远的时光里发酵出了精彩和浪漫。六年，对于三毛来说，是个有着魔咒一般威力的数字，尤其是关乎到那个她一生挚爱的人。

那一年西班牙的冬天，正是圣诞节。那时的西班牙圣诞节有个习俗，类似我们中国的拜年，在十二点钟声敲响过后，便要挨家挨户、左邻右舍地去恭贺平安。那个时候三毛在朋友家中，遇到了正好到朋友家来"拜平安"的荷西。

三毛第一次见到荷西，似乎就隐隐地酝酿着一个电光火石般的传奇。荷西是那么英俊，英俊到三毛第一眼便惊艳；而他又是那么单纯，让人亲近，毫无障碍。这一场邂逅，这一场意外，生命中的注定相会，在烟火与圣诞夜的烘托下，显得分外美丽。

三毛后来再去朋友家玩，便会经常碰到荷西。相识以后，两人常常在下雪天时一起打雪仗，平时打棒球。在认识荷西以前，三毛喜欢独自逛马德里的一个旧货市场，常常起很早去逛集市，一逛就是一整天；认识荷西以后，两人便一起同去，竟也能从早上九点逛到下午四点钟。虽然也不买什么东西，有时也就是买一支羽毛，但是两人都乐此不疲。

那时三毛大学三年级，而荷西是一名高三的中学生。

认识了三毛后，荷西常常逃了下午的课，去三毛的宿舍下面等她，希望能够见到三毛。他经常让别人上去帮忙叫三毛，而他也总是被人称作三毛的表弟，后来这成了三毛宿舍里的一个笑话。"表弟"在西班牙文里带有嘲弄的意思。

每次荷西总是很紧张地站在书院外的一棵大树下面，手里紧紧地捏着一顶法国帽，等三毛下来。第一次约见三毛后，荷西却让三毛同他从电影院走路回到家，只因为电影票已经花掉了剩余打车的钱。面对着这样一个单纯的少年，三毛虽然注意到了他的不寻常，却没有说破。

后来荷西来找三毛更是成了一种习惯，常常是逃了下午的两节课过来，两个人一同去逛街，捡一捡垃圾场的废物（三毛最喜欢的事）。但随着时间的推移，三毛觉得不能再这样下去了，因为荷西认真了。而她当时只是贪恋荷西的陪伴，并没有想和他在一起。

虽然荷西还没有读大学，但是有着一股固执的倔劲儿，认定了的就十分认真。他喜欢上了三毛，便不会轻易放弃。

有的人不值得认真对待，或者不适合自己，三毛都不会太过认真，毕竟经历过一次刻骨铭心的初恋后，她已不敢再那么地投入了。现在面前的这个大男孩，却那么像当初的三毛，这让三毛觉得不安了。

三毛不想伤害荷西，毕竟他们有着好几岁的年龄差距，而且，真的能够再一次用心投入吗？阻隔在两人面前的是一种无可把握的命运，在三毛看来，无论是自己还是荷西，都并不够成熟地去担负起这段感情。

他们相差整整六岁。一个二十四岁的姑娘和一个未满十八岁的青涩男生，这电光火石的一瞬或许永远无法抵达永恒的彼岸。

是该有一个结束了，三毛决定让这个男孩死心。原因是荷西说了一段让她听过后流泪的话，深深触动了她的心。荷西对三毛说道："再等我六年，让我四年念大学，两年服兵役，六年以后我们可以结婚了，我的一生愿望就是有一个很小的公寓，里面有一个像你这样的太太，然后我去赚钱养活你，这是我一生最幸福的梦想。"

六年，六年的时光终将会蹂躏了人与事当初的模样，她会变，他也会变。这样空空的希望，最终带来的可能是更深更痛的失望，三毛不敢把彼此六年的青春赌在一个缥缈无期的约定之上。她侧过泪痕打湿的脸庞，狠心地告诉荷西，以后不要再来找她，自己也不会等他六年，因为六年后她也不知道会在哪里。虽然喜欢这个男孩子，但是三毛是不会轻易给任何人一个承诺的。在三毛眼里，承诺便是再也不能解下的枷锁，是一定要践行的。

荷西遭到拒绝后，便真的没有再去找三毛，也没有再去缠她。偶尔见到三毛带着另一位是她男朋友的异性经过，荷西还会跟他握握手。就像他告诉三毛的那样，除非三毛自己愿意，否则他不会逼三毛。荷西还告诉她，以后不要再把他当成一个小孩子。

以后每看到贾宝玉出家的那一段，三毛便会联想到她那次和荷西分别时候的场景——荷西一边跑一边回头微笑着，对她反复喊着："Echo再见！Echo再见！"那个时候的她看荷西消失在飘着雪花的黑夜里，极力忍住了要叫荷西回来的冲动。她选择了离别，却也要忍下心痛。

可是，相遇与分离，都是一种缘，而那一刻，三毛的守护天使只是暂时离开，终有一天他会乘着远行的风，带着真挚的爱再次归来。

三毛与荷西道别之后，辗转多国，亦有过几段短暂恋情，在最后情伤台湾后，几度辗转又回到了西班牙。而她回来的这一年，竟是当初和荷西分手后的第六年。没有一丝刻意的安排，竟就这么被命运给绕了一个大圈，将她带到了荷西的身边。

还是在分别第六年的时候，三毛在台湾收到一位朋友带给她的来自荷西的一封信，里面还有荷西一张留了大胡子抓鱼的照片。三毛第一眼看到后便叫道："这是希腊神话里的海神嘛！"在爱情面前，荷西的冷静和理智是惊人的，他托那位朋友告诉三毛，要是三毛忘记了他就不要再看那封信。三毛淡淡地一笑，这位曾经期许给自己一个美好未来的男子，又怎能轻易忘记呢？信里荷西告诉三毛一个秘密：当年三毛拒绝荷西后，他流了一夜的泪，还曾想过要自杀。荷西还告诉三毛，请不要忘记，他们之间仍有一个六年之约。

看到信半年之后，连三毛自己也没有想到，命运竟再次把她送到了荷西身边。那时的荷西还有一个月的兵役要服，知道三毛已经到了西班牙，急切地托妹妹让三毛给他写信，甚至已经备好了信封。而已经忘了大半西班牙文的三毛，用英文写的一封信，让荷西跑遍了整个军营也没法翻译。

心急的荷西后来给三毛回信，问她写给他的是什么内容，还寄了有他在其中的潜水者漫画给三毛，而三毛却始终没有回信。兵役即将结束前，荷西打长途电话告诉三毛，他要在23号回去，要三毛等着他。

本就是个健忘的人，对伤痛也好、欢乐也罢，三毛总是过去便不再记忆。在荷西回来的那天，她完全忘了这件事。等三毛回到家时，被告知已经有人给她打了十多个电话了。

正在疑惑之际的三毛，被朋友一个电话告知有紧急事，让她尽快赶去。到那之后，朋友让三毛闭上眼睛等待，而再次睁开眼的她，见到的是那张她不曾忘记的英俊的脸。

再次相见，三毛兴奋尖叫到不能自已。她的心里一直那么牵挂和喜欢荷西啊！三毛被荷西从背后抱起来，穿了曳地长裙的她被荷西转着飞起了裙摆，一如他们相见时那飞扬喜悦的心情。她实在是很想念荷西的啊，这个已经留了大胡子的英俊男孩。身边的人也都大笑着，知道他们是很要好的朋友，很替他们的重逢高兴。

他们这一别，不多不少，正是约好的六年。

时光缓缓流淌，没有人会刻意去记取，毕竟相比起那个虚幻的时间，踏踏实实地活着才是最主要的事。三毛对于时间，更是没有太多的概念，因为似乎她的心总是在不停地受着伤害，难得有喘息的时间。谁知在阴差阳错、几番波折之后，时间竟然神奇地与那个约定重合了。

没有太多的言语，没有太多刻意的承诺，这个世界上，真心真爱都不是能用言语说得明白、能用誓言承诺得了的。为你守候，也要有你来赴约才行。而有缘的人，即使天水相隔得再远，也是会来赴这一场约的。

三毛当初没有答应荷西的六年之约，心里面却深深地印下了那个说着美好愿望的男孩的印记。她没有说出口的那句"荷西，你回来吧"，现在以另一种方式反而将她带回，她亦是没有想过的。

爱情是一场宿命。三毛没有多说，却已经感受到了它的惊涛骇浪。在一瞬间，她觉得那个为爱痴狂的女孩，又满血复活了。一段浪漫的爱情童话，也缓缓开场。

那就爱吧，用岁月相追随

曾经那个不满十八岁的男孩子，现在眼前这个犹如希腊海神般的大胡子先生，就这样在时隔六年之后，再次闯入了三毛的生命，犹如赴一场命运的约，躲也躲不掉，哪怕曾经拼命拒绝他和避开他，他仍然是在三毛的风雨六年后出现了，而这一次，竟然是她辗转回来，回到了他的身边。这难以抗拒的命运，给过她忧愁，却也带来了欢喜。

三毛第一次去了荷西的卧室。在荷西的卧室里，大大小小贴满了三毛的放大相片，就连折叠窗那里也被贴上了一幅很大的照片，但这些照片经由沙漠阳光的暴晒之后，原本黑白照片变成一道黄一道白的拼色。荷西倚在门口，看惊呆了的三毛迟疑地朝这些照片走了过去，用手指轻轻触碰那发光的边缘，心中若有所思，仿佛有心事。

那时候彩色照片技术并没有完全流行，但荷西用心至极，利用阳光将黑白变幻为彩色。面对这满墙的照片，三毛柔软的内心该是一种怎样的滋味？

如果他对她不是有着那近乎狂热的执着，又怎么甘心将别人的照片贴满属于自己的私密空间？三毛游走在阳光的每一根经纬里，游走在屋内每一张照片前，这种溢于言表的感动此刻也许只有用沉默来表达。

虽然对这样一个贴满自己照片的房间吃惊不已，但让三毛觉得更加疑惑的是，她从来没有给他寄过哪怕一张照片，那么这满屋的奇迹又是怎样发生的呢？

荷西解开了她的疑惑：三毛每次寄给徐伯伯的照片，他去玩的时候都会偷偷拿走，把原来照片放大后再悄悄给放回去，这样也就没人知道了。三毛没有被荷西的机智感动，反而冷静地问到，他的家人怎样看待这件事？荷西告诉三毛，他的家人以为他发神经，说已经不见了的人却还要对着她的照片发痴。

这样的一个男孩子，深深地打动了三毛的心，让她不得不动容。

荷西的纯情、痴情，在六年时光下不渝的等待，在时光之后没有丝毫褪色的感情，这让三毛的心都不得不开始震颤了——他不是一个小男孩了，他对她的感情是热烈而又持续的，他对她的感情是成熟的。

当初三毛决定把心关闭起来时，荷西出现在了她的生命里，带给了她一段欢乐的时光，但是她不敢要。而现在他仍旧是这样纯情和笃定，时光不仅没有把荷西那如同孩子般稚气的爱情淡化掉，反而将这份感情变得更加坚定，竟然悄无声息地就经历住了时间残酷的考验。也许正像那幅已经发黄了的三毛相片，阳光给了他的爱情一种如同麦子般成熟的颜色。

荷西的深情和痴情深深地打动了三毛，三毛问荷西，是不是还想同她结婚。这次的归来，三毛带着一颗破碎了的心，她真的不知那个说好等她的大胡子是否还愿意接受她。荷西说，他想实现六年前的那个梦想，三毛却哭泣着问他，为何他不早一点在她伤心之前出现，现在心都碎了，没用了。荷西只是平静地告诉她，心碎了可以用胶水粘起来，而粘不住的话，就拿他那一颗黄金做的完整的心来换。

荷西的这一句"换心"，让三毛整个人都沦陷了。有几个人愿意毫无保留地拿出自己的心给别人？也许一场恋爱只会将一个人心中的某个位置暂时留出，但是对于那些用自己的全部力气来爱的人来说，他们的爱情从一开始就是把整颗心全盘付出的。

荷西和三毛是同样的人，这么多年，他是第一个愿意拿出一整颗心和她交换的人，还毫不介意她那一颗已经破碎了的心。对于这样的一个人，三毛无论如何也不会再忍心拒绝了。

但荷西比三毛更要明白一件事，那就是只有和三毛在同一个地方长久相处下来，才能够把她留在身边。于是在知道了三毛要去撒哈拉的计划后，荷西便将自己的航海计划搁置一边，他不想再和三毛分开了——他竟比三毛早两个月到了沙漠，不声不响地在那里找了一份工作。荷西到沙漠之后，才把这一切写信告诉了三毛。

看到荷西远在沙漠的来信，三毛十分吃惊，觉得是不是他一时的感情用事。她写信给荷西，告诉他不必为了她去沙漠受苦，还说到沙漠后也不能常常见到，想用此种方式来打消荷西的固执。

但是荷西很明确地告诉三毛，只有和她结婚才能把她留在身边，否则，他的心里永远有一份不能在一起的痛楚。在看了十多遍荷西写给她的那封信后，三毛在大街上逛了一夜，之后便做了决定。

三毛决定要接受这份珍贵的爱。

两个多月后，三毛也收拾了自己的行李去了撒哈拉，而那里，早就有一个人提前等着她了。荷西为了她，晒黑了不说，也受了很多的苦。看着眼前消瘦的荷西，三毛的心也随之痛了起来。

既然眼前的这个男人等待了她那么久，不反对她看似荒唐的想法，甚至还肯为了她远离故土只身来到荒漠，这让她体会到了深深的幸福和满足。荷西用有力的臂膀紧紧拥抱了三毛，而在那一刻，三毛义无反顾地投入了这个男人的怀抱。

三毛想，这一生，再多坎坷也好，再多辛酸也罢，只是再也不能辜负纯情的荷西了。现在的她，不想再犹豫不决，摇摆不定了。她只想放心地跟他走，走到天涯海角。

既然命运在绕了一个大圈后将三毛又带到了荷西的身边，既然荷西紧守着自己的诺言和初心不放弃，既然一个深情而一个动了情，既然他们决定了要相守到老，那么便爱吧，用一生的岁月去追随彼此。

第五章

荒漠繁花：
快乐行走撒哈拉

灵魂修行，与骆驼一起曼舞

"我要看看在这片寸草不生的沙漠里，人们为什么同样能有生命的喜悦和爱憎。"为着这个理由，三毛义无反顾地投入了沙漠的怀抱之中，开始了一番浪漫的灵魂修行。

新安置的家里十分偏僻，在城镇的外围。从市区出来，要走很久。荷西指着一排白色的房屋，让三毛猜他们的新家是哪个。三毛的目光最终定格在最后一间有着圆形拱门的屋子。她的直觉告诉她，那就是属于他们的家！果然，荷西牵着她的手走进了那间房。

新安置的家坐落在一个巨大的垃圾场对面，屋后接连着绵延无尽的沙漠和广阔的蓝天。这里，便是以后三毛和荷西共同生活的地方了。想到从此要同撒哈拉的居民们同住，三毛开心得像个孩子，她许久以来的梦想，终于实现了，过往的一切变得轻飘，而未来她将认真地涂画精彩的图腾。

梦想的生活即将开始，但一切并不尽如人意。因为荷西通常住在公司的宿舍，三毛就不得不独自一人在小镇居住生活。现实将一对年轻的情侣轻易地分开，怎奈终究抵不过感情炙热的荷西。虽然两人相隔约有一百里路，但他仍旧坚持每天跑去三毛居住的小镇看望她。

这便是撒哈拉，既是残酷的，也是柔情的。而在这里生存的记忆，于三毛和荷西来说，也是他们一辈子都放不下的深情。

为了心中的挚爱，这些坚持在荷西看来都不算什么，甚至是理所应当的。既然他现在已经同三毛居住在同一片天空下，同一片沙漠里，便要紧紧相守，不再分开。于是，兴奋过后，他开始欢天喜地地准备起与三毛的婚礼。

在这个时候，三毛提出一个更有趣的建议。她想用三个月的时间来做一场单独的沙漠旅行，而这也正好可以空出时间，使她和荷西一起商量婚礼的事宜。荷西愉快地接受了三毛的提议，并将放在公司的私人用品渐渐搬至小家。

本来这是一场独属于三毛的旅行，没有任何人的参与，也不需要再去想其他的事情，随心情在哪里，就走到哪里去，就像她认识的那个独自骑骆驼几度横穿沙漠、最终渴死在沙漠中的未曾谋面的朋友一样。但是生命中既然已经有了人来共同参与，那便不能随意而孤行了，尽管最终还是决定一个人去旅行，三毛还是依从荷西的建议做了规划。

因此，三毛深入大漠的旅行是安全可靠而不是一意孤行的。在荷西的介绍下，她跟着开送水车的一个撒哈拉威人巴勒和助手一起出发。每当车子到达那些居民所住帐篷的时候，三毛便有了和他们打交道的机会。

最初的沟通不是很成功，沙漠的居民期待有人能从外面给他们带去所需的物品，三毛却是两手空空而来。再次出发时，三毛便带着所有能带去的小玩意儿和药品，如美丽的玻璃珠、鱼线、戒指、钥匙、白糖和糖果等，她深深地知道，即使远在世界的尽头，"也有爱美的女人和爱吃的小孩子"，所以，尽管这看起来有点像是用小礼物来交换友谊，但是三毛却为那些远在沙漠深处的居民带去了惊喜和实际的帮助。

虽然没有行医的经历，三毛却靠着从书上看来的一些知识替人看起了一些简单而常见的疾病。她先是给伤口溃烂的人涂消炎药膏，给眼睛有问题的人滴眼药水，给头疼的人分阿斯匹林片，然后给这些长期缺乏营养的人大量维生素 C 片。后来更加大胆，甚至有一次在紧急情况下三毛要去给别人接生，要不是荷西阻止，她一定会这么做。

正是在这些行医和送礼物的举动之间，三毛与当地居民渐渐亲近和熟悉了起来。其中唯一一次被允许拍摄沙漠中女人不戴面纱脸的机会，便是在为一位头痛的老太太服下阿斯匹林片起效后得来的额外报酬，虽然后来上演了一出"收魂放魂"的喜剧，亦是难得而有趣的一次经历。

沙漠中的人大多害羞内向，尤其是女人和孩子，想要让他们配合照相实属不易，但三毛通过和他们慢慢接触赢得了信任。本地人对相机有一种本能的恐惧，认为相机会把人的灵魂给收去，而那个人很快便会死去。为着这个原因，三毛的举动引来了当地居民的恐慌和愤怒。尽管同行的人嫌他们愚笨不愿意理会，三毛却不愿意那些单纯的人害怕担忧，尤其是她在车子开动时看到那两个被自己照过相的女子绝望的眼神后，她终于不能再坐视不理了。

面对居民对她和相机的质疑，她也绝对不会不予理睬。她示意司机停下车子，跑下去将胶卷迎着光让那些人看，没有他们所谓的影子在上面，于是那些人不等车开动便都开心释怀了。三毛上演的这一出"放魂"的喜剧，看似滑稽，却带给了他们内心的安宁。

除了对照相机的畏惧，这些单纯的人更怕照镜子，虽然大部分人只是听说而未眼见，却觉得这更能清楚地收去他们的灵魂。知道了这种情况后，三毛以后再去沙漠，便带上了一面大点的镜子，把它竖在石堆里，让大家来看。她还常常在镜前梳头，慢慢地，这些人对镜子的态度也由恐惧害怕变得好奇，继而是兴奋了。

多年来的漂泊和远行中，三毛见过了形形色色之人，其中不乏故作聪明和狡诈之人，而在这艰苦贫瘠的沙漠里却有这样一群单纯善良之人，这一切深深打动了三毛。

这些淳朴的撒哈拉威人像清澈的泉水，涤荡着三毛的灵魂，让她从繁杂喧嚣的红尘中解脱出来，拥入大地的怀抱。

漫漫黄沙，湛蓝的天，渺小的人，让她的心一次次为之震颤着。而那些沙漠上的动物们也一次次让她感受到了生命的耐力和美。狂奔的野羚羊，那充满活力的生命；火焰似的大片红鹤，美得如同黄昏下的云彩和霞光。

生命在伟大的事物面前总会变得分外谦卑，也会更加纯粹，让人返璞归真。

沙漠里的一切，都有着骆驼的特质，静默无语却能承受所有生命加在身上的苦难，任凭狂风吹打、酷暑炙烤、寒冷侵袭，都会顽强地活下去。

骆驼就连生育时也是独特的，直接将新生命掉落到地下，如此干脆和直接——如果想要生存下去，那么从一开始便要吃苦。沙漠里的居民从一出生便要接受这片土地带给他们的无尽摧折，他们降生到世界上，便开始了抗争。

三毛在这片荒漠中感受到许多震撼，更是受到了许多馈赠，便极力想要回赠于它，她曾说过，"每一粒沙地里的石子，我尚且知道珍爱它，每一次日出和日落，我都舍不得忘怀，更何况，这一张张活生生的脸孔，我又如何能在回忆里抹去他们"。

沙漠里经历的一切，都让三毛的内心慢慢改变着，日愈温厚。三毛在沙漠里，彻底净化了灵魂，她也变得像沙漠里的骆驼一样，拥有了厚实的生命力，她摆脱了生命中沉重的枷锁。

白手成家，风沙里的温柔怀抱

撒哈拉的风沙，如同上帝的魔法，面对虔诚的信徒它收敛起了残酷，尽现温柔，翩翩起舞间，成就了一段爱情童话。三毛曾说，当初来到撒哈拉，是为了她自己，而后长久地留下来，是为了荷西。不必婚约，也无须婚礼，早在他比自己提前到达那个让自己魂牵梦萦的地方后，她就已经是属于他的新娘了。

梦中楼阁总是令人心向往之，但真正能付诸实践的人可谓少而又少，常常是梦想还未照进现实，便已在时光的洪流中，化为散沙，消失无痕。而三毛是一个勇敢而扭亏为盈着的追梦人。她同一个坚毅勇敢又同时深爱着她的男子共同努力，终将美梦变成了现实。

沙漠里的生活是浪漫的，却也是艰辛的。所谓"百废待兴"，在撒哈拉的新生活便是如此。刚开始的时候，家徒四壁，生活过得亦是清苦。但有爱人在的地方，便是家。面对接踵而至的种种困难，三毛也在想尽各种办法来解决。

在沙漠生活，首先要解决的问题就是：淡水。

这是生活的必需品，于沙漠中生存的人们来说甚至比精美的首饰更为珍贵。在环境的逼迫下，三毛学会了如何在太阳底下提炼淡水。如果说淡水是物质困难，那么，更为严重的应该算是精神上的磨炼。

在荷西工作的日子里，三毛都是一个人独处的。她要学会与沙地炎热酷寒的气候做斗争，也要学会与时不时内心翻涌起的委屈和寂寞做斗争。

所有的委屈与伤痛她都伴泪咽下，每当她失落时，想起荷西，她都能重拾对生活的信心。毕竟在一百里外的地方，那个她深爱的男人为她牵肠挂肚，为她辛劳工作，他所有的努力，都是为了她的幸福！

荷西为了生活，没日没夜地加班，希望能用自己亲手赚的钱养活自己的家和爱人，拒绝使用能使他们生活变得更好的岳父的钱。而三毛这个"异乡人"，虽然在开始曾为投入到沙漠的怀抱里而哽咽，现在却也学会直面起生活中的柴米油盐。

大漠的风呼啸着，没有孤烟直，也没有落日圆，当初的诗情画意也只在面对着夕阳下奔跑着的野羚羊时才能感受些许。第一个寒冷的夜已经将她拖回现实之中。面对着空荡荡的家，唯一的心愿就是尽早填满它。

多少人的故事是从一无所有时出发的呢？总是在熟悉的环境里再也不愿离开改变，而鲜有人有勇气从零开始踏步。却常常忘记了，在最初的生命洪荒里，我们本是一无所有。

需要锅碗瓢盆，需要淡水，需要蔬菜，需要家具，需要……了解了现实之后，三毛动手开始准备，而荷西也应三毛的要求动手制作家具，盖好天窗，在现实里一点一滴地垒起梦想。

三毛去买木材，发现当地的材料十分昂贵，而荷西工资又只有那么一点，除去生活所需，根本不够这高昂的家具成本。眼尖的三毛发现了商店外面的废弃木板，老板慷慨地送给了她，却不知道那原来是棺材板。

事后荷西才告诉三毛，但两个人一点都不在乎，因为心中坦荡，便无所忌讳。三毛甚至还觉得这是一件十分有趣的事。为了看护木板不被邻居拿去，三毛还用空罐子拴在上面，一响便出去看，自然被沙漠的大风"欺骗"了好多次。就这样，棺材板不仅变成了桌椅，还变成了衣柜和其他家具物品。

在制作家具的过程中，荷西充分显示出了一个男人的本色，既是一个好帮手，也是一个让三毛为之骄傲的好丈夫。在家里需要添置新的家具时，荷西画了好几种家具样式让她挑，她想也没想就选了最简单的那种，在她而言，这只是自然而然的事，但在旁人看来，何尝不是对荷西满满的爱。

荷西在星期天休息之时开始动手制作家具。沙漠昼夜温差极大，荷西一心想要早点完工，因此天不亮便上天台忙活着，一直到太阳西沉。天不亮时穿着厚厚的毛衣，中午时脱下所有衣服在太阳下继续干着，但荷西哪怕是汗流浃背也不吭一声，他甚至让三毛把饭端到上面去吃，吃完好继续接着干。

三毛自然也是极心疼荷西的，中午时荷西锯木头，她便在旁边往他身上擦凉水给他降温；荷西去上班的时候，她就把那些家具标号分类放好，下次便容易组装；因为心疼荷西，原本说好的要早一点叫醒他，结果任由他睡到太阳西沉。这自然被荷西呵斥，但是三毛却默然不语，一想到荷西得到了很好的休息，心中便格外满足。

尽管一切需要从头开始，也慢慢被填满着，这个家，仍旧简陋得可怜。家徒四壁不说，头顶上还有一个天窗，风一刮便有沙土下来，让人万分无奈；天窗很大，从上往下一看便明了，根本就没有一点隐私空间。卫生间还有一个根本用不到的白浴缸，除此之外，一滴水也没有，淡水需要到镇上去提。

荷西买了一只母羊想给三毛喝奶补充营养，没有栏杆，所以和邻居的羊一起混养，而这样的后果是，每次去迟了羊奶便被邻居给挤没了，而邻居看到三毛挤奶总是一脸不悦；母羊认定的女主人是邻居，也不肯好好让三毛挤奶。无奈之下，三毛与荷西便将母羊送给了邻居。她心里装满着爱，满满溢出，如何能够让一处活泉停止涌动呢？

漫天黄沙，酷暑与寒冬，让一个追梦人浪漫的幻想一点点破碎，荷西外出的日子，孤独像山一般压来，沉重得让人透不过气，像午时沉闷的空气、夜里冰冷的墙壁。

衣服都是在箱子里面放着的，写字需要在膝盖上放一块木板；荷西出去工作只有周末回来，夜里的时候，三毛便点一根白蜡烛静静地看着蜡液流成不同的形状。三个月的时间很快过去了，在这段时间里，三毛与荷西除了动手装扮家，便是准备结婚所需的各种物件了。

结婚是件相当麻烦的事，这让怕麻烦的三毛差点放弃，好在荷西一直耐心处理，打听到能够结婚竟也需要三个月，心急的荷西差点让秘书先生误会成三毛有孕。

等到一切都办妥，可以结婚的时候，三毛甚至不敢相信这一切——自己真的要和这个异国男子结婚了！而得知第二日便要结婚的荷西也有些呆呆的，为了纪念，最终两人跑去看了一场《希腊左巴》的电影结束了单身生活。

准备结婚是很仓促的，荷西与三毛各自给家人发完电报才发现，荷西第二天都没有请假。而三毛一点也不在意，因为婚礼在下午六点钟，便让荷西提早一点下班回来结婚。三毛笑着打趣，当天结婚的人也可以去上班的嘛。

婚礼前，荷西送给三毛一件礼物，这份礼物让三毛珍藏了一生，甚至愿意死后都带着它。那是一块完整的骆驼头骨，也是他们爱的见证。最懂得三毛的人就属荷西了，他知道这样一个拾荒女子，荒野上的战利品最能打动她的心。的确，三毛爱极了这个礼物，便将它珍藏起来。

两人婚礼的着装意外地简单朴素——都是简单的蓝色系衣服，而更有趣的是三毛，戴了一顶草帽的她为着没有花的缘故，竟然在上面放了一把临时从厨房拿来的香菜。

走在沙漠里的那四十多分钟，在三毛看来是很难忘而美丽的，广袤的大漠里两个独行的身影，让一切都充满了诗意。虽然是第一个走着去结婚的新娘，也遗憾没有骆驼骑，但是那一刻她的心，却被一种难以名状的幸福包裹着。

结婚更是简单和朴素，但是也有趣。三毛跟荷西被一群穿正装打领结的人围着，还有许多刚认识的人也来参加他们的婚礼。相比之下，衣着简陋的他们反而像是看客，而第一次举行公正仪式的年轻法官竟然比他们还要紧张。就那样被人"摆布"着举行完了仪式，放松下来的三毛便立即回到了她那活泼的、无拘无束的状态，干脆拿帽子来扇风，这时还有许多人向他们道贺。而本该被先生戴上的戒指也是回到家后才补戴上的——三毛的新郎戴上戒指后，便只顾追着法官要户口簿去了。

回到居住的地方后，两人还发现了荷西同事送来的蛋糕和祝福的字条，这让三毛分外感动。蛋糕上的小人被三毛紧紧护在手上像个孩子怕被抢去玩具，让荷西忍俊不禁——结婚后的三毛却还有着一颗童心。

荷西断言三毛不会在这里生活过久，怕她吃不了苦要离开，而三毛只是无言，默默地做起了一个温柔的小女人，把一切美好的品德都展现给了这片沙漠，她用自己的行动，回答了一切。

嫁给荷西后的三毛，生活没有过多的改变，但比以前更率性自然了。在荷西面前，三毛是轻松的，不需要一点的伪装，本就是两个单纯的人，彼此又都互相了解，所以三毛在精神上是很愉悦的。而在物质上，荷西的收入也渐渐丰厚了，他们的家也渐渐被填满，一切也都走上了正轨，他们的生活也轻松了许多。

幸福不是空中楼阁，但是，我可以亲手为你建造。当三毛嫁给荷西的时候，沙漠中的小家已经完全是另一番景象了，日子已经可以安稳而过了，但是家依然是个令人欲求不满的地方，他们总是尽其所能地希望这个家变得更好。宫殿里有了基本物品，但是还缺"富丽堂皇"。女人总是有无穷的艺术和美的潜力，甚至可以让它变成魔法。三毛的魔法便是——拾荒。后来那些美轮美奂的装饰品几乎都是三毛拾来的。

后来，三毛更是不断地通过拾荒来装扮家。被三毛拾来的一块轮胎变成了客人来时争坐的坐垫，一块快要腐烂的羊皮处理后变成了另一块坐垫，骆驼头骨是书架上的装饰，而那伟大的石刻艺术品则是在坟场闲逛时，碰到一个不会说话的老人雕刻的朴实的艺术品。

当时的三毛被石刻感动了，用身上带的所有钱买了几个，这后来成为邻居们的笑柄，但对三毛来说，却是再划算不过的交易。

也许，有时魔法不是万能的，为了美，她生平第一次翻墙当了"采花大盗"。三毛与荷西一起翻墙去偷总督府花园的花，却意外被卫兵发现，甚至用枪相指。两人用机智而又惊险的吻骗过了卫兵，一同保护住了怀中的花。为了它，甚至可以不惜冒险，那怀中的，难道不是珍贵的可以为之付出全部的爱情之花吗？

不过就算是在自己家里，三毛与荷西也总是不堪其扰。因为房顶有个大天窗的缘故，平日里要么有小孩子在上面窥看，要么从上面吹进来细沙。荷西做了个天窗，结果被一只山羊意外踩破了掉了进来，还吃掉了三毛辛苦养的绿色植物。那一次三毛哭得很伤心，对沙漠生活第一次失去了信心。

虽然以后还是会有"飞羊落井"的现象，虽然荷西说着下次抓到要宰了吃的狠话，但是两个人从来没有这样做过，邻居们也没有当真，因为深知这对心思善良单纯的夫妇是绝不会那样做的。荷西仍旧用各种能够修补的工具给房顶安上一个天窗，让这个家看起来更加完满一些。

陶渊明筑他的茅屋时，邻里和朋友的馈赠让他的家很快有了生气；三毛打造她的小家时，家人和朋友的馈赠则让她的梦更接近了现实。千山万水外的灯罩、书法，瞬间将异乡人的乡愁勾起，却将她带进了那个充满了爱的梦里。

虽然过的已经是另一种人生，但是这缕由爱牵起的线是剪不断的，哪怕隔千山、隔万水，只要仍有你的消息，有关爱的表达总会源源不断地到来，现在便穿越了万水千山来到了三毛的沙漠小屋之中。

没有音乐的地方，总像一幅山水画缺了溪水瀑布一样。三毛的血液里流动着的音符同样需要释放出来，尽管家已经越来越完美，可是没有音乐，血液凝固了怎么办？为了省下买录音机、录音带的钱，三毛步行到很远的外籍兵团的福利社去买菜。规规矩矩排队的她，竟然受到了外籍兵团格外的关照，这份钱也便慢慢从他们的关照里省了下来。

尽管奔驰原野的梦想还需要"一匹白马"，但是它一定也会在某一天出现在自己眼前的。后来，当外来人惊叹于这沙漠中的艺术天堂时，三毛只是笑了笑，告诉他：罗马不是一天建成的。

有一次三毛整理东西时，掉出来一张照片。看着以往自己青春美丽的照片，那种感觉"好似一个死去的肉体，灵魂被领到望乡台上去看他的亲人一样怅然无奈"，同时也切切实实地意识到，自己已经与过去完全告别了——这一刻的三毛，是个新生的人，过的是另一种人生，不管曾经怎样，如今的她只是撒哈拉沙漠里一个小屋的女主人而已。

家美，女主人更美。三毛懂得人心，荷西却只懂星空大海，可是三毛最爱这星空大海，所以，即便是美得令人目眩的"天堂鸟"出现在眼前，也不能丝毫减损她对星空大海的爱。拒绝了"天堂鸟"后，她规规矩矩、认认真真做起了一个家庭主妇，这个家里荷西才是对外的男主人，而她以他为荣。

他们爱生活，也爱身边的人，而这份爱，让他们的朋友"像滚雪球似的"多了起来。招待朋友似乎是天经地义的事情，而这份爱也延伸到了邻居身上——三毛在家里开办了免费的"女子学院"，虽然这是一群不关心数字和卫生甚至不在乎钱的女人，但是却对三毛的衣服、口红甚至别样的家感兴趣，常常在家里上演"灾难大片"。

可是三毛对这一切容忍有加，从不厉声呵斥或是责备。这样一个敢爱敢恨、热辣辣的女子，却不会对她身边的人苛刻严厉，甚至爱护有加，因为那些无声岁月已让她褪去浮躁，变得温润。

家变得越来越迷人，越来越可爱，甚至于房东也要来涨房价了。三毛在心里骂着"你是猪"，却甩给了他合约书。这个家，是誓死都要捍卫着的，她和荷西亲手建造而成的城堡，如何让一个外人随意"开闭"？放上一卷录音带，德沃夏克的《新世界》交响曲充满了房间，三毛在轮胎做的圆椅垫上，慢慢地坐下去，好似一个君王。而梦想则是她高贵的王冠。

相爱相惜，爱在荒漠绽放

走过万水千山，蹚过时光的长河，执着的追梦人，终于找到了最珍贵的爱，她把这份爱，根植于荒漠，在一串串相爱相惜的日子里，绽放出最美的花朵。

自从决定嫁给荷西的那一刻起，三毛便决心安定下来做个好太太。如果有一个男人愿意为你守候六年，知你懂你，对你的疯狂想法和行为不仅不阻挠，反而赞成支持有加，那么你也会甘心做他一世的妻子吧。

在婚礼结束、家园安定下来后，三毛便展开了她的沙漠生活画卷。虽然沙漠里的生活面临着许多的生存挑战，在克服了这些阻碍后，三毛灵魂里乐观的天性便迸发了出来，常常在孤寂的生活里用自己的方式做着调剂，让生活处处充满着"鸟语花香"。荷西也和着这欢快的节奏，与三毛一起舞蹈着。

不论是荷西为三毛而来的沙漠，还是三毛为荷西留下的沙漠，总之，既然决定了牵手，两个人便都在心里面约定了要彼此相随。三毛做起了全职太太，但是彼此间又很默契地保有着空间与自由，不去打破。对三毛而言，婚姻生活只是让他们彼此间磨平了棱角，更加懂得爱与珍惜。

尽管一开始，这是一场不大对等的爱，因为荷西爱三毛爱得深刻，而三毛只是简单地喜欢。但在往后的时光里，在彼此岁月相交融的日子里，在共患难共欢喜的夫妻生活中，三毛一点一点地爱上了荷西，他们的爱在彼此的生命中交融，成为他们生命中瑰丽而永恒的珍宝。

所有平淡的日子都值得用伟大去定义。因为每个平淡的日子里，都装满了静默而伟大的爱。

三毛对荷西，荷西对三毛，便是这样。尽管生活平淡无奇，但是两人习惯了有对方的日子，一旦见不到便会强烈思念。经过了西班牙的分离，经尽岁月的陈酿，会越发香醇。身在撒哈拉的二人更加珍惜彼此，但都心照不宣。

婚姻让三毛从道德上追随着荷西，岁月催生的情感却将这份幸福紧紧地黏在了一起，能够抵得住纷繁世事和时光的洪流。

作为一个典型的家庭妇女，在嫁给荷西后，三毛规规矩矩在家洗衣煮饭，生活也是日复一日地寻常。三毛虽然不喜欢做家务，却对做饭有着强烈的兴趣，觉得这是一种艺术，因此她连做饭都做出了许多乐趣。

三毛开始做饭时饭和菜是分开做的，因为只有一个锅，淡水也明显不够，所以三毛便琢磨出了一种"菜饭"，将饭和菜一起混煮，既节省了时间也节省了珍贵的淡水资源。

荒漠之中的饭菜，更能让他们真切体会到什么是有滋有味，贤惠的太太三毛致力于先生"胃的工程"，不满足于简单的西方食材，借助许多从万里之外的家中寄过来的包裹，将简单的三餐变幻成了食物的盛宴。

很多方便寄送的食材，如粉丝、冬菇、紫菜等，还有好友从西班牙寄过来的罐头、酱油，都成了这盛宴必不可缺的食材。也许是因为三毛是中国人的缘故，做起中国菜来格外有滋有味，三毛做的中国菜令这些身处异地沙漠的外国人大快朵颐。

荷西在认识三毛之前，是没有接触过中国菜的，而自从娶了这位中国太太，不仅满足了自己的爱情，也满足了自己的胃，因为三毛做的中国菜总让他吃得很可口。三毛戏称荷西是她的"中国饭店"里一位不付钱的食客，而随着她中国菜名声的增大，很快便有很多人来家里吃她做的中国菜了。

母亲从台湾寄来的粉丝常常被三毛用来做各种菜，而不明就里的荷西总是被三毛哄得团团转。"粉丝煮鸡蛋"里的粉丝被三毛称作高山上被冻起来的春雨，而"蚂蚁上树"里的粉丝则干脆被她称为钓鱼用的尼龙线；最有趣的是吃"合子饼"，荷西干脆认为里面与肉末混在一起的粉丝沫是鱼翅，还声称以后不要让三毛的母亲再寄这种贵重的东西过来了，让三毛着实欢乐不已。

紫菜也曾让三毛对荷西的反应捧腹不已。有一天三毛做了紫菜包饭卷肉松，荷西硬说是印蓝纸而拒吃，三毛便骗他到底，还自顾自地吃了起来。当然最后荷西发现了真相，三毛的头上便免不了受荷西一个板栗。他们常常是这样把生活过得很有趣味。

荷西常常称三毛为"吹牛大王"，却又对这个妻子无可奈何。他习惯吃中国菜以后，反而对西餐提不起胃口，吵着要吃"雨"。同事们吃过后也赞誉不已，连公司的老板竟也想要来尝尝这"中国饭店"的滋味。老板点名要吃笋片炒冬菇，因缺少笋，三毛用小黄瓜代替了笋，却让宾主各自尽欢。

民以食为天，吃饭穿衣虽然为琐事，却也是不能被忽视的大事，荷西与三毛的家庭生活也总是离不开这衣食。但是细微之处见真章，往往是这些琐碎的事情黏起了两人之间的感情，让他们的爱变得愈加深浓。

有一天，三毛看到一本西班牙文杂志，上面有一篇文章《如何让你的丈夫爱你》，写的是这位女作家每天变着法地扮成各种样子给他丈夫看，自然婚后两人很幸福甜蜜。三毛把这一段读给荷西听，荷西正在看电视，头也没有抬，直接说了句："海盗！我比较喜欢海盗！"这让三毛十分无奈。

荷西有一个固执的秉性，三毛叫他往东，他却偏要往西，故意与三毛反其道而行。发现荷西的这种反抗心理后，三毛便摸透了他的心思，故意把一切反着说，荷西便不知不觉地上当了；后来荷西发现三毛的做法后，干脆采取一切不合作的态度，让三毛简直无可奈何。

有关来生，总是会让无数人为之神往，有关来生的话题也总是不断。三毛问荷西，下辈子是不是还要娶她为妻，没想到荷西想也没想地说道"绝不"，让三毛大失所望。荷西下辈子要不一样的活法，反问三毛难道不是同他一样？这倒让三毛乐了起来——知妻莫若夫，虽然嘴上说，但是两个人心里还真是一样的想法。

三毛与荷西都是属于古道热肠之人，所以两个人的行为方式也都大同小异，在大小事上倒不至于意见严重不一致，能和睦相处。

两个人各有脾气，却也能够互相包容，在琐碎寻常的夫妻生活中倒也颇为难得。荷西忍受着三毛的无厘头思想和怪异想法，三毛也包容着荷西的大男子主义，彼此间亦有足够的空间和自由。三毛深谙此道，婚后并不剥夺荷西与朋友们相处的快乐时光，两个人自得其乐，反而关系融洽。

"夫妇之间的事情，酸甜苦辣，混淆不清，也正是如人饮水，冷暖自知。"这是三毛曾对自己与荷西生活写下的一段文字。在撒哈拉这样相对封闭实则广阔的天地里，也有一个个精彩的人生故事。正如那深不可测的湖水，远不如游客们表面看到的风平浪静。至于那湖水底部蕴藏的东西，又如个人的喜乐哀愁。还是留给局中人独自品尝和担当吧。

沙漠中的风俗同三毛在别地经历的风俗迥异，在这里，男人可以有三妻四妾，一开始，也有美丽的女孩对荷西生出了爱慕之心，三毛自然坚决地捍卫自己的丈夫，不容他人分享。也有荷西的同事对三毛产生了爱意，每每托荷西带来美丽的天堂鸟花，而荷西总是对此迟钝又大条。三毛知晓其意，暗地里对其讲明了一切，之后专心做起了家庭主妇，也不再掺和到荷西同事们的谈话中显露风头了。

　　深沉的爱早已与时光相融，静默、浓厚。他不用多言，此生就只为她钟情；她守护一切，渐渐对他生死相与。

　　沙漠中结婚以来，因为一直没能回家中看望父母，三毛决定要"归省"一次。这样一个随性的女子，自然会做出许多随性之事，这次突然的决定，她甚至没有告知荷西，趁着荷西外出打鱼，留下一纸说明，拎着行李便要回台北。

　　回家后得知情况的荷西惊诧不已，开车狂追而去，才追到了快要登机的三毛。怎奈妻子去意已决，摸摸大胡子以示安慰，只留下一个背影让等待的七尺男儿泪洒机场。

　　回到台北家中的三毛难得好好放松，在家中与父母家人共聚美好的时光，也想给荷西一段没有她的假期。哪知道荷西在三毛走后，家庭生活一团糟，似乎一切都不能自理了。荷西突然想念起了妻子的种种好处，一封又一封的信件随着三毛的脚步接踵而至，想要让这位"逃妻"早点回家。

　　三毛却安心地在台北待了下去，还没有一点回去的意思，因为她相信他们坚固的感情。荷西的信件在三毛回家两天后便至，之后更是频繁，其中还有用西班牙文写给三毛妈妈的信，嘱咐妈妈让三毛早点回家。三毛每次都是大笑着翻译，对于写给她的信，她每次都是看看就好，想起来的时候给荷西简单写封信报报平安，字迹还十分潦草。

分离久了思念就越深，荷西写给三毛的信一封封都充满着深情，信中一遍遍地诉说着对三毛的想念；怕三毛在家给父母添麻烦，还嘱咐三毛按时吃药打针，后面还特地制作了一张表，嘱咐得十分详细。荷西还在信中写到，让三毛妈妈多提醒她还有一个丈夫，他说三毛患上了很严重的健忘症。

随着日子的渐渐推移，荷西的信已经累积了厚厚的一摞，三毛的信却还是寥寥。荷西知道甜言蜜语是不能哄回三毛的，便改变了策略，信慢慢减少，还虚构了一个邻居女儿，常常说他和邻居女儿之间的趣事。在这样的反面刺激下，三毛的信却渐渐多了，后来干脆直接飞了回去。

三毛与荷西之间的这种小玩笑并不是常常发生，两个人孩子一般的心境，都不觉得这是十分严肃的事，每次总是情绪化一阵便散去无影踪，日子还是跟原来一样寻常平淡。

对于一个爱写作的妻子，丈夫也总是给她充分的支持和空间，闲暇之余，两人还曾一同翻译了西班牙的一本儿童漫画《娃娃看天下》。在静静相处的时光里，两个人的默契也渐长，体会着简单安宁的幸福。

伟大的爱，常常融在生活的细枝末节中，平淡、安宁、常常让人难以察觉，而一旦这份平淡被意外打破，那份爱便会强烈地迸发出来。

三毛与荷西本来就是爱玩的人，对化石一类的物品一向很感兴趣，因此一旦荷西提议去找化石，三毛便与他一拍即合。出门时只带了一袋红酒，本来计划天黑前赶回来。无奈越走越远，天也渐渐暗了，最要命的是，荷西在指挥倒车时陷在了沼泽地里！

四周除了渐冷的空气和沙漠外一无所有，三毛觉得自己都快要窒息了。荒山夜晚的沼泽地惊险万分，而荷西竟陷在了里面，三毛明知离开荷西去找人的话，他存活的概率不大，所以在荷西叫她去找人时，她几乎是下意识地叫了起来："我不能离开你！"

好不容易看到有辆本地人开的车过来，但是这些人不但不帮忙，还打起了三毛的主意。荷西看妻子陷入了危险境地，尖叫着要杀了这群人，但也无济于事。从这些心怀不轨的人怀里挣脱开以后，三毛飞快地跑到车上启动了车，荷西已经开始催三毛赶紧离开了。

三毛的内心虽然十分挣扎，但是也只能先甩掉这几个人之后再做打算。在黑夜里，三毛与这三个撒哈拉威人上演了一出惊险的追踪与反追踪的大戏，终于在三毛熄了车灯躲在一处沙堆的阴影后才摆脱了这些人。

辗转再次回到沼泽地，慌张的三毛找错了位置，见不到荷西踪影的三毛悲痛欲绝，以为自己已经永远地失去了爱人。意识到错误后，她连忙重新找到位置，原打算自己跑回去找人帮忙，但看到用作标记的车垫后改变了主意——如果离开这里去找人至少要一夜时间，她害怕荷西会撑不住。对荷西的爱让她克服了恐惧，也变得勇敢和智慧。她将长裙扯成了布条，绑着车垫和轮胎抛向了荷西。幸运的是，荷西真的依靠这些工具获救了。

即使是处在生死一线，这两个天不怕地不怕的冒险家还是难以放弃自己的兴趣，异口同声道第二日下午还要继续，而当时的荷西双腿受冻，必须要去医院治疗了。

在孤寂辽阔的沙漠里，人总是无端地会产生渺小感，三毛与荷西身边的外地人，男的要么酗酒要么自杀，女的要么消沉要么逃离，只有他们在彼此的互相扶持与经营下好好地生活着，过得自在。他们都是能吃苦的人，经受得住沙漠的洗礼，渐渐成为沙漠的儿女。

这对沙漠儿女的情感，也在彼此共同对抗自然的挑战与艰难的生存中获得了提升，变得坚固无比。

荷西想要赚钱养家的愿望也在这片土地上实现着，他靠自己的双手养活着他和三毛，让日子越过越好；而三毛也证明给了荷西看，她是能够和他一起吃苦的人，不仅不会成为拖累，更是他前行路上坚强的后盾和有力的伙伴。三毛证明给荷西看的，不仅仅是日常的穿衣吃饭，更是对他整个家庭的爱。

荷西的父母是很传统的西班牙人。荷西虽然在结婚前一天告诉了父母他和三毛准备结婚的消息，但也是十分突然的。因此尚在沙漠时，三毛便常常给荷西父母写信，嘘寒问暖，日子久了和公公相处没有了问题，却始终得不到婆婆的认可。

有一年圣诞节，荷西要带着三毛回马德里的家，这是三毛结婚后第一次面对荷西的家人，神经都是紧绷着的。三毛把她的婆婆想成了一个"假想敌"，在家的那段日子总是起早贪黑地尽力表现，凡事都抢在婆婆前面，而且一家人几乎所有的事都是三毛帮忙做好的；需要荷西帮助时，考虑到家人的反应，他也没有为三毛说一句话。三毛尽力表现，尽管不自由且累到流泪，却默默忍受着一切。这样一段日子下来，就连婆婆都对三毛有了很大的改观，接纳了她。

那段日子的三毛怀疑过自己对荷西的爱，但这只是一个小小的插曲，虽然没有必要去刻意讨好任何人，三毛却固执地认为：要爱一个人就必然也要爱他的家人，这种爱屋及乌是十分自然的事。因此，她将她的爱也用另一种方式倾注在丈夫的家人身上，只因为，荷西值得。

荷西这样一个大男孩，有时又是那样大男子主义，却总能在关键时刻在三毛的心上深情印上"一吻"，将那一份原本差点被她忽视的爱，以另一种方式慢慢加深，并渐渐升华为亲情。

因此，为着彼此的情意，两个人虽心照不宣，却尽力为彼此做着力所能及的事。婚后两个人一直没有子女，有一个原因竟然是怕子女来分享他们之间的爱，如此幼稚的理由虽然日后想起来两人也会笑，却更加珍惜彼此之间的那一种惺惺相惜的默契。

真正的爱经得住考验，时间和婚姻都不会成为爱的坟墓，只会让爱更加珍贵。

荷西与三毛，在沙漠细水长流的日子里，相爱相惜，让最美的爱情之花在烈日与寒夜交替的荒漠中美丽绽放着。

文 字， 关 于 撒 哈 拉 的 故 事

撒哈拉名字的本意是"空"，但在三毛看来，这是永恒。不增不减，不灭不熄。

诡秘荒凉，原始狂野。这是三毛最初决定去撒哈拉的理由和动机，而撒哈拉也没有让她失望。定居下来的三毛对撒哈拉有了刻骨铭心的爱，每一天这里都会有新的挑战和生活，她挑战着自己生存的极限，为生存找出了真正的意义。

撒哈拉的孤寂是来自上帝的试炼，如果能够在这片荒漠上泰然地生存下来，战胜那狂风沙、酷暑寒，便会收获到生命不屈服的耐力和韧性，在撒哈拉的沙漠上，在年复一年地演绎着这生生不息的故事。

有关撒哈拉的故事，三毛将它们通通变成了笔下的文字，记载着所有平凡下的不平凡，将它酿成了一杯美酒，让所有闻过的人都会为之沉醉而神往。

在荷西的工资积攒到一定数额时，他们买下一辆车，三毛称之为"白马"。两个人十分爱惜这辆车，自从在沙漠里经受过徒步旅行的痛苦后，代步工具的出现总是让人分外欣喜，就连不会开车的三

毛都爱上了这匹"白马"，在沙漠中自学驾驶，到后来没有办法才去考了驾照。

不过，这两个人却又同样地"不爱惜"这匹白马。

三毛是个软心肠的人，总看不得别人受苦。因此，第一次外出见到需要帮助的人时，三毛便停下车来载了他一程。这是一个带着一匹山羊的老人，三毛不忍心他拖着羊独自行走，于是便让他和羊一起上了车，结果一路上不仅头发差点被羊当草啃，车里也留下来了不少山羊的"馈赠品"。

刚开始时荷西不同意三毛载客，认为这不仅危险而且会弄脏爱车。但后来荷西自己带着邻居家几个小孩出去疯玩之后，就再也没有反对过三毛载客了。倒不是他改变了什么，而是因为他本就是一个软心肠的人呐！

沙漠中的人都有很浓的体味，而且受条件限制卫生情况也不乐观，但两人竟都没有对他们表现出一点不耐烦或者歧视，这份涵养和爱是让人动容的。

在沙漠中精彩的事有很多，三毛用笔把这一切都记录了下来，读后往往令人觉得有趣，仿若身处其中。

有一出"沙漠观浴记"更是格外精彩的。

有一天，三毛陪荷西去理发，偶然间听说本地有一处洗澡的地方，这让三毛十分意外。在她的印象里，是没有听说过有本地的撒哈拉威人洗澡的。这样的听闻下，勾起了三毛的好奇心，打听到了女人们洗澡的时间后，三毛第二天便跑去一探虚实，结果真的发现是从沙漠里涌出的泉水，倒让三毛着实感动了一番。

　　但接下来的经历却是令人泛呕的。看惯了沙漠女人用大块的布包裹自己，三毛第一次看到她们裸着身体洗浴，实在是被她们肥硕的身体给震惊了。沙漠女人以胖为美，审美观念相仿中国唐朝，因此三毛在这群人中便显得瘦弱可怜了。这些本地人几年间才洗一次澡，都是用石片刮松身上的污垢再用水冲洗，连肥皂也不用。看到那触目惊心的一幕幕场景，忍不住要泛呕的三毛奔逃了出去。

　　但之后三毛对有关"洗澡"的兴趣也没有停止。听说还有一种清理"内部"的洗澡法，三毛便忍不住要去一探虚实。等她和荷西好不容易找到那个海湾时，眼前见到的场景让他们大为惊讶——

　　一个一个躺倒的妇女被像用灌肠一样的方法，用皮袋往身体里灌水，灌完之后还从嘴里再灌。这样的洗法是很痛苦的，但是之后那些被灌满了水的女人开始在沙地上边后退边排泄，还用沙子把前面的排泄物盖了起来。听到其中一个妇女唱起歌来后，三毛终于忍不住大笑了起来，在暴露之后，两人便仓皇而逃了。后来有人提及时，三毛便谎称那个偷看人洗澡的东方女人是日本人，小小的谎言，让她避免了尴尬。

　　打鱼的经历也值得一提。三毛与荷西开车去海边玩，因为开销过大，便生出了打鱼来卖的想法。没想到后来卖鱼得来的钱寥寥无几，两人还花了十二倍的价格，请上司吃了一餐自己卖到酒店的鱼。在那之后，打鱼来卖的想法便不了了之。

　　除了吃饭穿衣和偶尔几次的冒险以及旅行经历，三毛接触最多的便是自己的沙漠邻居了，而这些沙漠邻居总是让三毛感到啼笑皆非。

三毛与荷西这对善良心肠的夫妻名声在外，因此，邻居来"借"一些小物品是常事，而且通常都是有去无回。不仅如此，两个人还被这些沙漠邻居培养成了有专门技术之人：荷西成了邻居的电器修理匠、木匠、泥水工；三毛则成了代书、护士、老师、裁缝——反正都是邻居们训练出来的。

有几件事让三毛印象深刻：一件是某天邻居小女孩拖来了一匹被宰杀了的骆驼，让三毛放进她那只有鞋盒大小的冰箱里，拒绝了她请求的三毛还受到了女孩妈妈一个多月的冷落；一件是有位"现代化"的本地人要用刀叉吃饭，每次却让他孩子来问三毛借刀叉。后来三毛干脆送给他一副新的刀叉，邻居舍不得用拿来收藏，却还是照常来借；还有一件是邻居家小女孩经常把三毛鞋子穿走，还放一双又脏又旧的小鞋在她家中。三毛生气，但女孩觉得没道理，理由是她的鞋也在三毛家，自己的行为又不算偷。

撒哈拉威人有句口头禅，三毛翻译为：你伤害了我的骄傲。每每这些邻居用奇怪的逻辑来与三毛争辩时，三毛都哑口无言，总是觉得既可气，又可笑。

除了三毛家中许多东西成为公用品外，就连荷西也被一个长相甜美的撒哈拉姑娘看上。虽然此地人三妻四妾不成问题，三毛还是很反感，待到那个姑娘终于出嫁时，三毛还大大高兴了一阵，并特地送去了厚礼。

邻居们给三毛"惹的祸"还不止这些。三毛家的水只要人不在，也会被邻居拿去用。有一次三毛洗澡时往身上打了肥皂，却发现没有水可以冲，要去看骑骆驼赛的她只能用毛巾擦了擦便去赴约了。

整个比赛过程中，她不敢有太大动作，因为怕出汗后皮肤会痒，或是起泡泡。不知情的西班牙朋友信骑着骆驼在她的身边飞奔，嘲笑她是个胆小鬼。

三毛在沙漠中还亲眼见到过邻居家一个十岁的小女孩出嫁。因为和这个叫姑卡的女孩亲近，她的父母竟然连姑卡结婚的消息也要三毛转告她。在三毛所不能理解的婚俗里，男方头几年要住在妻子家，彩礼是十分丰厚的，但是娶亲时男方暴力、女方挣扎的方式是她不能认可的。作为一个局外人，她所能做的也唯有叹息罢了。

在沙漠中生活，三毛也会遇到一些人和事让她心疼，让她很想为他们做些什么，却也总是无能无力。对于哑奴，三毛便是这样的心情。

三毛与荷西有一次被一位沙漠财主请去吃饭，认识了一个黑人小孩，恭顺有礼而谨慎，让三毛对这个男孩既好奇又心疼。后来走的时候三毛偷偷给这个孩子塞了一点钱，希望能让他过得好一点。但是第二天，这个男孩的父亲，一位黑人奴隶来找三毛，要把这些钱还回去，三毛自然拒绝了。

这个黑人奴隶不会说话，虽然不会说话但是很聪明，通过手势便能够了解他的意图。有一次邻居家砌墙让他做工，高温下的沙漠似乎要把一切都蒸发，他却要在天台上继续工作。三毛不忍心，便让他到家中来，还为他准备了一些食物。他只吃了很少一点，其他的带回去给了他的家人。他的善良和爱，让三毛深受触动。

三毛和荷西能为他做的事情有限，而且他们与他的关系也遭到了当地人的愤恨，可是两人并不去理会，还考虑着能不能让他重获自由。善良的黑人奴隶虽然连身体都不属于自己，但是会为三毛与荷西做一些力所能及的事：他会悄悄替他们补被山羊踩坏了的天棚；夜间偷了水去替三毛他们洗车；刮大风了，他便马上替三毛收衣服，再放到一个洗干净的袋子里，拉起天棚的板给丢下去。而那些三毛经常借给他们物品的沙漠邻居，却从来没有对三毛他们说过哪怕一声感谢。

黑人奴隶是个懂得报恩的人，还邀请三毛与荷西去他那简陋的家做客。那以后，两个人也尽力为黑人奴隶的家人偷偷准备着一些必需品。但是三毛与荷西还是不能左右哑奴的命运，在一场大雨后，黑人奴隶又要被卖与新主人了，而三毛所能做的，也只有将家中一块彩色的沙漠毯和一些钱塞给黑人奴隶。黑人奴隶将三毛的这些馈赠全部留给了家人，他则永远被带离了那里。

沙漠生活是苦与乐交织着的，三毛用细腻的笔触将这一切生动地再现出来，里面有她独特的情感，有她掩饰不住的慈悲情怀。

沙漠生活在三毛日渐扎根于这片土地上后变得丰富多彩了起来，这要得益于沙漠独特的风景、独有的风土人情以及她与荷西生性乐观、热情的天性。而三毛，用自己的文字记载下了这一切，沙漠的生活永远印刻在她的灵魂深处，她的文字让那些渴慕沙漠而不能至此的人也见识了沙漠的美，变得和她一样，对这个地方充满了乡愁。

第六章

诀别之舞：
还没有来得及说再见

告别撒哈拉，但愿人长久

撒哈拉的荒漠，为人们设下了重重的生存困境，却风化了人们心灵中的浮躁，留下一片纯真，亦是成就了三毛浪漫的梦想。因而，这里是地狱也是天堂。

从动了心念决定要来撒哈拉时，三毛的心里并无太多犹豫，仿佛冥冥中有天注定，来到这里后，尽管一度为沙漠的生活考验流过泪水，却依旧对它产生了深深的依恋。那颗飘浮不定的心在遇到荷西后终于停歇下来，从此将生命交付给这片贫瘠而荒凉的土地。如果可以，她愿一生停留至此，在这里生儿育女，在这里生老病死。

踏上来，原本就不打算再离开，每一个与爱人相濡以沫的平凡日子里，都是在践行自己的梦想，她希望，绽放在撒哈拉的生活，能和这沙漠一般永恒。

只是，造化弄人，世事本无常，沧海亦为桑田，何况这由流沙组成的沙漠呢！终于，有一天，三毛要离开这片她狂爱的土地了。

三毛到来之前，撒哈拉还是西班牙的属地，但是随着殖民主义的式微和自由主义的泛起，这片土地上的居民开始了自我的唤醒，决定要在殖民地和邻国瓜分的夹缝中寻得自己的生存。

这一切并不是突然来到的，早在三毛遇到了那个沙巴军曹后，一切就开始了慢慢的变化。

一个寻常的傍晚，晚霞烧红了沙漠里的天空，一如往常美丽而凄艳，三毛与荷西外出散步，却意外发现了一群撒哈拉人围着一个人看热闹，还有人不停地对这个人进行攻击，而那人却因为醉酒倒地不起。三毛与荷西通过他的着装便知道他是沙漠军团的人，也就是西班牙的同胞。自然是不能看到自己的同胞受攻击和侮辱而不管的，两人很快地从家里开来车，将此人送了回去，虽然连他的名字都不知道，虽然生平第一次近距离地被自己人用枪指着。

以后，通过渐渐地了解，三毛知道了这个人是一个军曹，而且几乎对所有的撒哈拉威人都抱有仇恨。但是其中原因，却是后来一次偶然的经历才了解的，而且，这也为这片看似平静的土地提前布上了一层阴云。

沙巴军曹不是没有名字，而是他宁愿忘记自己的名字，因为在整个军营的人都消失后，他觉得自己再也不配拥有名字了。

那时的撒哈拉威人与军队相处在同一片美丽的绿洲上，尽管是前者入侵到了后者的土地上，却两两不相犯，和平共处着。绿洲很美，美到来此地的人都不自觉地放下了防备，尽情生活着。可是，要知道在沙漠，滴水贵于油，外人自然不觉，但是本地人世代受着干渴的折磨，对水便分外在意。

因此，就为着用水的争执，一大群撒哈拉威人趁着夜深偷袭了沙巴军曹所在的整个军营，一夜间所有人殒命，血水染红了整片绿洲的水源，血腥而凄惨。而唯一活下来的便是三毛他们见到的军曹，因为酒醉没有归来而幸免于难。可是，军曹却再也没能逃过他心理上的磨难，那一场劫难，成了他的耻辱与心结。

后来沙漠的局势更加动荡，邻国摩洛哥和毛里塔尼亚要瓜分这片土地，当地人也组织起了游击队反击，西班牙已经是毫无意义的存在了，却仍忍受着恐怖的袭击。于是，第一次有大量的西班牙人从这片土地上撤离，这片土地第一次有了大的震荡。

三毛与荷西却仍旧停留在这片土地上，虽然因为战乱也很少外出。留下来不仅为着热爱，更为着荷西还有一份养家的工作，是不能轻易全身而退的。

沙巴军曹的故事掀起了一片阴云，而离"下雨"也不远了。当三毛知道那个以沙漠为家的沙漠军团要带走以前埋葬的同伴的时候，这暴风雨便开始了。

沙漠，如此美丽的存在，几乎都不能让人想象血流遍地的景象。而那些已经沉睡的人，似乎是为着永留这片土地的缘故，几十年都尸骨仍在。当这些"沉睡"的人都要离开沙漠的时候，这片土地也就不再安稳了。

军曹亲手抱出了弟弟的尸骨，让他的尸骨离开了暴风雨即将来临的土地，他却为着保护一群撒哈拉威小孩不被炸弹炸伤，与炸弹共亡了。就如同这片让人感情复杂的土地一样，有的人带着恨，有的人带着爱，而那些带着恨的人却在最终毫无办法地爱上了它。

动荡的幕布已经拉起，三毛的生活也不再平静了。

本就热爱广交朋友的三毛与荷西，无论是对本地人还是对西班牙同胞，都是一视同仁，战争没有影响到他们与这两个敌对方阵营里的人的友谊。可是，在紧张的情形下，三毛与荷西还是因为敌对双方的关系受到了波及。邻居开始有了不友好的举动，同胞也开始质疑他们的立场，这让他们的处境变得尴尬起来。

天性敏感的三毛因为这些事而伤心不已，却又无可奈何，还因为邻居小孩的戏语"杀死三毛"而精神一度紧张到不能自已。

尽管三毛想避免一切的麻烦，但是似乎所有的事都会不自觉地找到她。那个让她的精神差点崩溃掉的沙漠游击队首领，那个神一般存活在本地人心中的领袖，居然和三毛有了千丝万缕的联系。

三毛很欣赏本地医院的护士沙伊达，她知性且美丽大方，似乎像是不存在于这个地方的女子一样，而所有见过沙伊达的人，也都为她的美而着迷。本以为这里没有配得上她的人，三毛后来却发现，她竟然是沙漠游击队首领的妻子。

荷西与三毛的一位本地好友在一次封锁极严的环境下，让他们俩把他送回家，而心情惴惴不安的三毛与荷西却总是无法拒绝朋友恳切的请求。他们对他的家人很有好感，却无法在这样一个战乱的环境下，在风声鹤唳之中保证自己的安危。朋友恳求加保证，两个人才上了路。

就像往常一样，和这家人的相处总是很愉快的，三毛几乎都忘了那时紧张的战乱情况。没有多说话，荷西与三毛和这一个大家庭中的成员，包括许久没有回来过的几个兄弟，为家多筑了一层保障。在离开的时候，三毛才知道，原来这位朋友的一位哥哥就是沙漠游击队赫赫有名的领袖。可是，没有想象中的恐怖，他反而十分儒雅，而且具有高学历，临走之前还感谢三毛照顾了他的妻子沙伊达。这时的三毛才了解真相。

世上有配得上沙伊达的男人。三毛本就喜欢沙伊达，往后的日子里也尽力照顾着她，却因此招至祸患，因为她与这位"危险分子"有着密切关系。

有一天独自在家的三毛被急促的敲门声吵醒，结果发现是沙伊达带着她的丈夫来三毛家躲藏。即使非常害怕，但友情最终战胜了恐惧。她为沙伊达的丈夫包扎好伤口，开始琢磨着如何安置沙伊达夫妇。但没想到，沙伊达的丈夫却为了不拖累三毛于当天夜里自行离开了。临走前，他将妻子沙伊达交托给三毛，希望他们能尽快离开，到达安全的地方。

三毛向来视承诺大于一切，她千方百计地求得两张飞往西班牙的机票，决定带沙伊达离开。而那时候，她的丈夫荷西正在前线帮同胞转移物资和军火，并不能陪她一同离开。紧要关头的荷西无法分心，只好千托万托同路的友人让他们照顾好三毛，替她打点好了一切。

就算是沙伊达一直隐瞒身份，她的美丽还是为她招来了祸患。有人一直垂涎却又得不到她，于是便借着战争和自身小有的势力，诬陷于沙伊达，要将她强暴后杀死！

三毛只是个无权无势的局外人，没办法帮助她，甚至连靠近都不能，因为诬陷的谎言是沙伊达出卖了撒哈拉威人的领袖巴西里。三毛只能眼睁睁看着沙伊达在她的面前受到侮辱并最终死去！

而沙伊达，知道丈夫死后便心如死灰，因为那是个知道她有危险特意从前线孤身来看她一眼的男人啊！只是，临死前还被侮辱，这是忍受不了的痛，她让冲上来的同样爱慕她的丈夫的弟弟，用枪杀死了她，而两个人也一同殒去了。

目睹人生中如此大惨案的三毛悲恸不已，虽然也曾打算离开，但是起码还有要保护的人，现在却不得不立即离开这片土地了！

离开之际，这片最爱的土地正被暴风雨肆虐着，那些所有爱的人、爱的地方全都在阴霾之下目光不及之处。尽管三毛心痛到无以复加的地步，但面对这一切灾难依然无能为力。面对这浩翰的沙漠，这残酷的战事，她是渺小而卑微的。

几年的时间，她对这里的一切都有了爱，有了不能被消磨的刻骨思念，却要硬生生从灵魂上把撒哈拉剥离开，她心中的痛难以言说得尽。

不复再见了，那美丽湛蓝的天，那温柔延绵的沙，那绝美孤傲的树，那感人清新的泉，那热情有趣的人。三毛甚至来不及好好道别，便在战争的催赶下匆匆离开了撒哈拉。

对于那些离去的人，三毛的心里总有无限的悲愁，只能在梦回时一次次呼唤着，一次次喊着那句"但愿人长久"。而对于离开的地方——其实根本就没有离开，他们只是把三毛在撒哈拉的一切保护物撤离了，包括带走了她的身体。但三毛留下了她的心，留下了她的梦。有谁能真正离得开认作故乡的地方？不，这里的一切都还在，既然存在于三毛的心里，那么撒哈拉就永远有一个沙漠女子叫三毛。

离去的是三毛，留下的也是三毛，对于这片沙漠上的一切，包括三毛自己，她都会在心里默默说着一句："但愿人长久。"

加纳利，新的起点

再远的路也有走完的一天，而再绝望的巷口，也还是会有一个新的转弯。本以为逃离那片让她泛着乡愁的沙漠一切便没有意义了，谁知道这也仅仅是另一个开始。告别了沙漠，三毛开始踏上了另一段新征程。也许对于三毛这样的人来说，梦不在某处，而是在路上。她途经的一切，都会被蒙上梦幻的色彩。

战乱中，荷西无暇顾及三毛，一心帮公司和国家运送物资，而三毛则是最后一批逃离沙漠的人。逃离撒哈拉后，三毛辗转来到西班牙马德里，在那里办好了签证，又转乘一架小飞机，停落在一个叫作加纳利的大西洋小岛上。从此令她一生难忘的岛屿生活，就这么跌跌撞撞地扑进她的怀里。

荷西是个能干的丈夫，在三毛空手逃离沙漠的家时，他已经将沙漠中的一切物品都安全运往了加纳利，包括那匹"白马"。在三毛辗转从马德里来到加纳利时，荷西与三毛已经是好久没有见面了。

但见面后的两人，却也没有各种罗曼蒂克的言语或者举动，只是淡淡问着分别时的一些琐事，情感虽然没有变得淡薄，但是形式上悄悄发生了一些变化。

随着公司一同进退的荷西，最终在北非撒哈拉边沿上的一个小岛上住了下来，公司给他们安排了宿舍，还配给了黑人服侍。三毛随着荷西而来，一开始自然免不了要住这种集体宿舍，也免不了要接触这些所谓的工人。

初次与黑人的接触经历便让三毛大大输了一局。从机场回家的路上，一个穿大花衬衫的瘦高黑人司机便开着车一路狂奔，本就多病的三毛这一路下来不但被折腾得浑身难受，而且好几次被这种急速行驶的状况吓到——有一次司机差点撞到一个人，还一点都不避让地要轧上去。

这仅仅是第一次与黑人工人的接触。

到达宿舍后的三毛，在荷西的带领下走进了属于他们的房间。水泥地上还有一个木制的架子，上面摆放着一些盆景，房间里还有好几个大竹筒做的灯，高低错落，分外雅致。三毛一看便知道是荷西的功劳，她带着笑深情地看着他，连夸好看，心中更是极其欢喜。而荷西从回来后第一次深深拥抱了三毛，头埋在三毛的颈后，待到三毛推开他，发现荷西的眼睛都是湿润的了。

离情让他分外思念三毛，在战乱荒烟下，他有他的使命，可是心里却又惦记着妻子，但也正因为了解三毛，所以他又放心她一个人。没有什么能够代表心头想说的话，所以也许一个简单的拥抱反而能够表达得更多。以后的路，相依相偎还是要一起走下去。

荷西的工作越来越繁忙，甚至连星期天都不能好好休息，这次从机场接三毛还是提前两个小时下的班，待到回去已经夜深，荷西甚至连食物都没吃。三毛亲自下厨为荷西和他的同事做了饭，这一切才算是有了一个平稳的节奏。

在为三毛整理行李的时候，三毛赫然发觉荷西穿着牛仔裤都显得空荡荡，惊觉分离的这段日子他消瘦了那么多。一问之下才知道，荷西不仅刚刚得过痢疾，还要在受伤的情况下下水干重活，在三个月的时间内打捞了七艘沉船。

三毛很为荷西心疼。这样一个实心实意的男人，在同事们耍滑偷奸休息的时候，他还认认真真做事，一句怨言也没有。就算在工资没有按时付、星期天也要连续干活的情况下，这个山一样的男人却仍坚守着。三毛唯一能做的，便是尽全力照顾好他。

但是接踵而来的一系列问题却也摆在面前了。从机场遇到第一个黑人司机的那一刻起，三毛就注定要会一会这些让她分外头疼的各路人马了。

虽然三毛还是一样做着家务，为荷西准备着三餐，但是拿这些黑人工人一点办法也没有：他们屡次偷东西、偷食物，该做的事情却一点也没有做。三毛总是对人怀着美好的感情，所以一开始知道是他们偷东西，便好言相劝，还会多给他们一点钱希望下次不要再犯。结果最终还是让她大失所望，因为一切没有丝毫改变。但三毛又不能直接辞退他们，因为失业对这些人而言是个巨大的损失——一大家子人需要养活，而赚到的那点钱可能连肚子都吃不饱。

当老板娘杜鲁夫人造访过后，工人们还是被辞了。三毛过意不去，临走时还让他们带走了一些沙丁鱼罐头作为安慰。辞工人的目的很简单，老板娘考虑到有了三毛这个免费劳动力，巴不得省下工钱。

合住生活伊始，本着睦邻友好的态度，三毛还会帮室友清洗床单，但是好意被误解后便只顾自家的生活了。在一个新的地方，一切总是要慢慢适应。

合住的日子总让人感觉身心受限，在与同事们合住不久后，三毛与荷西便物色到了一幢独立的房间搬了出去。

新家虽然狭小，可是两个人单独住，比起合居的日子不知要自由多少。而新家也就像是一个新的起点一般，三毛的生活也渐渐开始发生了变化，生活也慢慢走上了正轨。

正是在与荷西单独住的日子里，三毛遇到了一位让她终身怀念的朋友。

荷西与三毛本来就是极爱淘荒的人，在马德里两人就常常跑去旧货市场闲逛。在定居到加纳利群岛后，因为一系列节日的临近，小渔港附近聚集了许多手工艺人，因此在摊贩出现的第一天，两个人便迫不及待去逛了。

在第二次逛夜市的时候，三毛与荷西遇到了一位日本人。这个人一开始将三毛认作了同胞，而三毛则用简单的日语向他说明了自己的中国人身份。就在这样简单的对话和交易下，这个诚恳的日本青年居然要给荷西和三毛买的东西打半折，理由只是因为同是东方同胞。

这样一个亲善的举动，像一颗美丽的石子，投入到了三毛平静的心湖，激荡起了情感的泪。

仅仅为着都是东方人，为着一份异乡的情绪，三毛便难以忘怀这个人了。走出去好远，三毛却又与荷西商量着邀请那位日本人到家中，简单做一餐饭也好。本就好客热情的荷西听言便欣然同意了。

这位日本青年叫莫里，在国外半做手工赚点钱半旅游，这次巧遇三毛与荷西，便将他们当作朋友。在异乡吃到一顿香喷喷的饭食，让莫里心中感到一种温暖。莫里就这样把他们当作了很好的朋友，还常常给三毛他们送一些零碎的小手工艺品。

由于莫里的西班牙语并不流利，三毛的日语也十分有限，因此两个人交流的时候还会借助纸笔。就这样，三毛知道了莫里的许多故事；就连荷西，虽然不能跟莫里用语言做更多沟通，却也很喜欢这个人，还计划着要把自己的毛衣给过冬只有单薄衣服的莫里穿。后来，莫里去了巴塞罗纳。他们之间的短暂相逢，就像人生中常发生的擦肩而过。但那瞬间的温情和关怀还是让三毛和荷西珍惜与留恋。

虽然新家自由，但是毕竟空间局促，三毛与荷西免不了常常撞到彼此，没有一个大一点的空间让两个人心理上的空间都局促了起来，因此，很快两个人便通过房东搬到了同一个住宅区的后排公寓去居住了。

这个家才算得上是一个真正意义上的家，价格虽然贵点，但是空间变得大了许多。新家坐落在一个斜斜的山坡顶上，还有一个大的阳台，从窗户外面看出去，一排排白房子逶迤到了海边；厨房的后窗更像是一幅美丽的画框，伴随着水光山色，分外动人。

家，也就在几度流离后再次建立起来了。任何地方，只要有一个地方可供休憩，有一个爱人伴随身边，那么这个地方就是一个甜蜜的家，一个能够让人魂牵梦萦的地方。

经历过了战火，也经历过了波折，新的家总能给人一种新的喜悦，三毛在新家里怡然自得，生活上也更随性而又安稳了。

很长一段时间，三毛迷上了饭后散步，经常一个人在黄昏时外出，享受着黄昏时刻那份独特的安宁和惬意。三毛喜欢一个人独处的这段时光，不愿意别人和她分享，好朋友不行，甚至荷西也不行。固定的路途虽然每天都是一样，但是思绪是翻飞的，三毛需要利用这段安静的时光释放，好让她能够得到灵魂上片刻的自由。

三毛也会怕黑。每次回家晚了，穿过黑影幢幢的林子时她总是分外紧张，好几次嘱咐荷西隔一段时间便在阳台上站一会，这样她看到他在那儿也就得到了安慰。虽然心灵上需要自由，但是在内心深处，三毛十分依赖荷西，也格外贪恋他给予的安全感。

就这样，在这片长年吹着海风的小岛上住下来后，伴随着许多人和事的生活又开始重新翻涌了起来，拒绝不掉又摆脱不掉，三毛沉寂了一段时间的灵魂重又活泼了起来，在这个有着温柔海风的地方，一遍一遍地演着一出出新的生活剧，让人痴迷而沉醉。

真正爱美和有活力的灵魂是注定不会永远沉寂的，在加纳利的三毛，又开始了一段新的征程。

重生，另一种生活

　　新家在斜坡上昂然而立后，三毛的生活也变得更加丰富多彩了。在这个家和身边的邻居之间，也开始有了一种互相依存又微妙的变化。

　　虽然是西班牙的属地，但加纳利群岛上还是有很多外国人来此度假游玩，因此各种口音杂糅。三毛却偏偏会讲许多外文，于是便与不同的人讲不同的语言，以至于连荷西都产生了不满情绪，认为这不是在自己的国土上了。

　　搬到加纳利群岛上首先复苏起来的是三毛的拾荒梦。对于这样一个将拾荒爱到骨子里的女人，只要条件允许，哪里都是她的天堂。新家附近有数也数不清的完好无损就被人们丢掉的东西，小到花草书籍，大到建筑材料、电视机等，简直是一个拾荒的乐园。而就在这里，三毛认识了今生唯一一个拾荒的同好，一位邻居的儿子，他们像两个快乐的孩子，走入了糖果乐园。

　　岁月就是这么奇妙，不经意间处处有惊喜，而呈现出的方式也不一样。这位拾荒人是职业的，曾经做过小学老师，而三毛一想到当初她的拾荒梦正是被一位小学老师所阻挠，就觉得这一切十分有趣，命运里的因果与轮回，总有着难以琢磨的奥义。

这位职业拾荒人不仅功力比三毛强，而且也很有眼光，不知不觉间教会了三毛许多东西。而后来，两人也一直有联系，互相交换着拾荒拾到的宝贝，分外默契。

新家安稳后不久，荷西的母亲便带着家人来到岛上探望，但是这实际上却加大了三毛的负担。战乱后的心情还没彻底平复，经济方面也是一团糟，为了不使婆婆扫兴而回，三毛让荷西提前预支了工资，尽心尽力照顾着婆婆一家，任劳任怨。

但这仅仅是方便了他人而已，三毛的内心还是很受伤，因为婆婆从来没有提到过三毛他们的困境，更别说一句安慰，来看他们仿佛也只是到小岛上的一次度假。而三毛的父母亲，每次打电话总要询问是不是需要钱，尽可能想要女儿女婿好过一点。

日子安定下来后，荷西照旧去上班，三毛则在家处理各种家务。经过了撒哈拉不平静的生活，三毛深知不能再随意结交朋友，这一切可能让她好不容易平复下来的生活再次陷入混乱。于是，搬到新家后，三毛便很少去问候邻居，关起门来过着她独自的生活。

在荷西还没有申请到新的工作前，他还是照常去撒哈拉的工地上班，三毛便常常在家独守着那份宁静。但是一个心地善良和热情的人是绝不可能冷漠下去的，助人的天性使得三毛不能对邻居们的困难漠视。从刚开始外出时搭载邻居一程，到后来主动和邻居们打成一片，这并不是偶然。

有一天，三毛独居在家，看到窗外有一个老人在沿街打扫卫生，以后的日子里她经常会看到他，她总能看到老人顶着烈日在扫街。

三毛是最看不得别人受苦的，如今望着这样一个年迈的老人勤勤恳恳地免费帮大家清扫街道，心中有很酸涩的滋味。

于是有一天，在老人清扫一棵不断被风吹下来落花的树的时候，三毛终于忍不住了，她跑出去把那棵树狠狠摇了一阵，帮着老人一起打扫了起来，还请老人进屋去喝茶。

善良的人是伪装不得的，因为内心的天使会让她的眼睛向着四面张望，去帮助那些身陷困境的人。

最终，三毛还是"屈服"了，她不再把自己锁在小屋里，而是开始慢慢与邻居们交往。那位自愿打扫街道的德国老人将三毛从紧闭的房门里带了出来，自此三毛便和大家待在了同一片天空下。三毛先是与这位老人一同打扫街道，后来又和住在附近的邻居们相互交往了起来。

从前，三毛认为自己是个"势利"的人，但凡不能让她受益的人她不会交，而偏偏她身边的人都能够让她受益匪浅。在加纳利小岛上，住的多是一些到南部来休养的老人，因此三毛经常接触到的邻居们也便是这些人了。

第一次受益是和一对老夫妇散步后。三毛本想回家途中搭载他们一程，谁料这对夫妇却宁愿步行，还拉三毛一起与他们同行。自以为身体强健而且敏捷的三毛却在回来时深深被打败了，不仅脚疼而且身上还披上了老人家的外衣，这几乎让她无地自容。而这对夫妇给三毛的建议便是，年轻人不要总在车里待着，要多走走。

第二次是在园艺方面。三毛与荷西在后院种了一点萝卜，因为心急长势，每次都拔出来看看，结果却总是不如意。这一切被一位邻居看在眼里。有一天，邻居看不下去了，告诉三毛这样是不行的，还主动帮三毛料理花园。

后来，三毛院里不但菜长得好，连花也欣欣向荣了。三毛以为老人以前是花匠，询问之后才知道，老人一辈子只和钱打过交道，现在独居，非但不悲观，反而很乐观。这种生活态度深深影响了三毛。

还有一次，三毛因为要修理家具，认识了一位老人，这位老人退休后还帮别人修修补补的，活得很快乐。后来老人还邀三毛去看他们组织的音乐会，让三毛对这群人的世界再一次有了很大的改观。

一群退休了的老人，却还有闲情抱着各自的乐器演奏着动人的音乐，在月光下，甚至还有老人邀请三毛一起跳舞。这种对生命的热爱和对短暂人生的把握让三毛感动极了。月光映照在大海上的那个晚上，三毛不由自主地想到了生与死的问题——

生命是这样的美丽，上帝为什么要把我们一个一个收回去？我但愿永远活下去，永远不要离开这个世界。

在参加完老人们的音乐会后，三毛还得知了其中一对老人恋爱了。他们那种喜悦的心情，让三毛的内心久久不能平静。如果说老人们带给三毛的感动是生命末端绽放的花火，而稚嫩的双肩所担起的生命之重，同样令她动容。

三毛附近的一家瑞士邻居里有一个小男孩，独自照顾着患肝癌的母亲和双腿残疾的父亲，生活中的一切都以他的父母为中心。男孩达尼埃很敬爱母亲，所有母亲想要的他都会尽可能地完成和做到。

小小年纪的达尼埃一边上学一边料理着家中所有的事，还要忍受着父亲醉酒后的责骂，十分不容易。三毛心疼他，让荷西带他去看了一场电影，却不想达尼埃一心只惦记着病弱的母亲，根本没有心情玩乐。

而事情的最后更让三毛感到震惊：男孩和他的父母没有血缘关系，是被领养回来的。男孩知道一切却尽心尽力照顾着父母，直到他的母亲病逝。三毛在这位"巨人"的面前差点说不出话来。面对这样一位无私的男孩，三毛心中的敬意，难以形容。

本就善良的三毛，也将她的爱回馈到了邻居们身上。在小岛上，三毛与荷西曾料理过一位邻居的后事。有一次得知她以为的"空房间"里还住着一位老人时，内心十分煎熬，她无法放任这样的事不管，于是，便主动招揽上了这个"麻烦"。

一开始，三毛先是做好饭菜给这位邻居送过去；后来，干脆翻过墙去将这位老人的家彻底清理了一番。在得知老人一直是以吃罐头为生的事实后，三毛更加关怀他了。老人最终因为脚上长了坏疽而感染，虽然荷西与三毛将老人送往医院，仍没能挽回老人的生命。对于这样一个无依无靠、没有亲友照管的老人，三毛与荷西尽到了所能做的一切，并不理会别人说他们多管闲事的流言。

生活恢复正轨后，三毛仍要面对生活中的一些麻烦事，在面对女仆玛利亚时，三毛便十分头疼。

尽管一切的家务都是由三毛亲自操持，她也不喜欢有人再来家中打扰，但是根据规定，房东还是安排了女佣为每户人家做打扫。而一位叫玛利亚的女佣就这么堂而皇之地闯入了三毛平静的生活，差点让三毛的世界再一次陷入混乱。

　　荷西对女佣有着孩子般的复仇心情。因为小时候被女佣欺负过，因此他总是幻想着有一个可以复仇的机会，而如今这个机会便摆在了他的面前。荷西的复仇计划竟是去捏女佣的臀部，这让三毛简直无奈极了。

　　最初见到玛利亚时，三毛便被给了一个下马威：这位名义上的女佣不仅不帮三毛做家务，还详细地询问着三毛的情况，语气也很不客气，仿佛她才是女主人一般。后来更加证实了这位女佣不是善类。

　　三毛原本很自由的生活也因为玛利亚而被迫改变着。玛利亚到家中打扫的时间是一定的，而每次到来，三毛总是为她准备好吃喝。但是玛利亚不仅不领情，拒绝清理马桶不说，平常的家务活也很少干；不仅不好好打扫，还经常乱翻三毛的物品，不管什么都能被她翻一遍，遇到有些物品问也不问便会擅自拿回家去。

　　玛利亚还常常跟左邻右舍说三道四，飞短流长。三毛对她无奈极了，想要让房东先生换一个人，却被告知剩余的几位也叫玛利亚，换来换去总之都会是玛利亚。三毛无奈，只好忍耐着。

　　三毛本着善良的心想要帮助玛利亚，还经常为她开脱。但是后来才得知，这位玛利亚不仅家中并不穷困，因为拿着各种福利待遇，生活过得不知道要比三毛好几倍。受到欺骗的三毛果断辞退了她，但是玛利亚却拿到了失业金，比以往过得更好了。

　　除却女佣，三毛生活上还遇到过一个很难缠的人，也几乎把她和荷西的生活搞得一团糟。

　　原本过着平静生活的三毛，有一天被一位来家中卖盆栽的老婆婆给"降服"了。这位卖花女不仅口才厉害，而且手段也一流，常常让三毛在百口莫辩的情况下就买下了她的花，而且很多花都是没有根的，几天便会死去。不仅如此，荷西也同三毛一样稀里糊涂地中了圈套，每次遇到这位卖花女必然要吃亏。后来两人躲这位卖花女简直到了一种老鼠避猫的地步，白天都不敢开门，但凡她走过都不敢在家中发出任何声响。

这位"伟大的推销员"让三毛和荷西的生活出现了一些不大不小的波澜，但是更多的时候，还是生活中平淡的节奏。

三毛在一段时间内迷上了在石头上作画的艺术，起初每次都花钱去买，被女友得知后建议，何不自己捡石头来创作。于是三毛便常常跑去离家不远处的海滩那里捡石头，还曾因此而差点被海浪给卷走，多亏有人救了她。

石头捡回来后，三毛便在家里对着一块块石头冥想。三毛称这种行为是"和石头对话"，她觉得每块石头都是有灵魂的，有它要告诉她的故事，于是花很长时间在上面，然后提笔画出来。

这些画出来的艺术品让荷西都为之惊叹，三毛更是视若珍宝。有一次被一位朋友偷走了几块，三毛还曾伤心不已；更有一次，因为清洁工不知情将这些宝贝给丢了，三毛伤心到不能自已，像个孩子一般，冲到海边的一块礁石上哭了很久。

对于石头的狂热慢慢淡去了，而在搬家前结交的一位日本好友莫里的再度出现，却让三毛的内心又受了一次波动。

莫里在后来的一次旅行中丢失了身上的所有物品，那段时间里他很渴望三毛与荷西的帮助，而两人却因为搬家的和莫里失去了联系。后来再度相遇时，三毛跟荷西内疚不已，但是好在这些事慢慢过去，也出现了帮助莫里的人，两人才慢慢放下了心头的重担。以后三毛回想起时，总是忍不住感叹着："哀愁的人，给他们安慰；饥饿的人，给他们食物。而我所能做的，为什么总只是后者。"

在异国他乡的土地上，还有一件让三毛惊喜不已的事，那是她与家乡一位表姐夫的相遇。那时表姐夫因为做生意暂时停靠在了三毛居住的群岛上，巧合地遇到了三毛。第一次见面，两个人竟都没有认出彼此，还是通过乡音确定了彼此身份。他乡遇故知，这样的相逢，在三毛眼里，无论如何都是一桩大喜事。

由于第二天船便要走，于是表姐夫请三毛与荷西还有一位女友一同去船上共餐，饭食是中国传统的饺子。荷西以往只吃过三毛的"作品"，断定不好吃，结果吃过姐夫家包的饺子后赞不绝口，立即就喜欢上了。剩余被带回家的饺子，三毛在晚上怀着思乡的心情偷吃掉了大半，为着这件事，荷西与另一位女友还大大责骂了三毛一番。

为了让荷西和女友不再对此思念不已，三毛又尝试起了做饺子。渐渐地，她也掌握了火候，做的饺子也慢慢好吃了。三毛在后来还自封为"饺子大王"，并为此扬扬自得。

不论生活如何变化，在加纳利群岛上，在这个长年吹拂着大西洋海风的地方，三毛的生活又一次被岁月温柔地抚摸过，不管有多少难以言说的痛，还是有多少难以忘怀的梦，在这个地方，在这个新的起点上，一切又都有了新的模样。

三毛常常做着拥有一片农场的梦，幻想农场的种种细节，还经常存钱买彩票，期望中大奖，然后就能有钱去买下一片农场，开始她农场里的幸福生活。这一切甚至都深深感染了荷西和三毛的一位女友，因为太过浪漫而美好，谁都不愿意承认这只是痴人说梦。

一段日子结束了，总有另一段日子来弥补，生活不停地向前，不会留给人太多喘息的时间。而这也正好，来不及去忧伤便又能去欢笑了。三毛在加纳利的生活便是如此，如此温柔美好，仿若一段新生。

足迹，群岛的美丽

没有太多的悬念，只要去到一个新的地方，三毛总是能发现其中的美丽，所有的地方经她的心和脚踏过，就一定会熠熠生辉。

在定居到所住大加纳利岛之前，三毛就曾一遍遍幻想着它的美丽。三毛有一个习惯，那就是每去一个新的地方之前一定将和它有关的书籍细心看一遍，先充分了解了它的情况，再使自己身临其境，看看个人的感受是不是与书上写的相同。

于是，当踏上这片土地的时候，三毛的心里已经有了一系列的构想，关于古希腊吟游诗人的描述、奥赛罗的航海路线、特洛伊战争的盛况，都提早在她的心里演示过一遍了。

虽然已经定居在大加纳利岛，但是对于这个和"金丝雀"同名的地方，三毛总是百看不厌，关于它的历史、风俗、人物，三毛如数家珍。从脚下的土地出发，再次探寻新的领域，这便是再自然不过的一件事了。

对于外界而言，丹纳丽芙岛是群岛上与大加纳利岛齐名的所在，因此，三毛与荷西旅行的第一站便选择了它。对于先入为主地想象一个四周环绕着蔚蓝海水、中间仁立着一座大雪山的美丽岛屿的三毛来说，当与荷西驱车行驶在拥挤的人群中时，不免觉得有些失望。但是当三毛在看到一只"大金刚"游走在街上后，意识到这里正在举行嘉年华活动，不禁再一次兴奋了起来。

丹纳丽芙是西班牙盛大庆祝嘉年华会唯一的一个省份。嘉年华时，万人空巷，有些公司和学校还会团体化装出现在街上，一到黄昏，人们便会打扮好倾巢出动，在大街小巷走着，分外热闹。这个岛上的居民身体里仿佛流动着狂热的血液，每到嘉年华，便会化装成各种各样的身份，在嘉年华热闹的气氛里显得十分快活；四周的小贩也趁着节日的氛围做着快活的买卖。

荷西和三毛自然不会放过这样的机会，两个人本来就是小孩子一样的心性，到了能够玩闹的时刻，立刻便转化了身份，成为这无尽狂欢队伍中的一员。

荷西给三毛选了一顶玫瑰红的艳俗假发，他却一点也不装扮，任由太太头上像是开出了一朵大红花似的，连三毛看到镜子里的影像都被吓了一跳。三毛想借着"红头疯子"这样的角色去吓一吓其他小孩，但让她失望的是，几乎所有孩子的装扮都比她要可怖。正当三毛有些泄气的时候，一个孩子喊道："妈妈，这里有一个红发中国人！"三毛这才进入了角色，心情大好。她还蹲下来对那孩子说："嘿，我还戴了一张东方面具。"孩子认真地摸了摸她的脸，周围的人都大笑了起来。

荷西让这样一个显眼的太太走在街上，就连旁边的人都要来"抢"了，在这样一片祥和的氛围里，警察也是笑看着不管的。就连荷西都不得不感叹，在这样的气氛里，三毛不仅变得幽默而且脾气好了起来，以往别人对三毛指指点点说她是中国人的时候，三毛还会嫌别人无礼呢！

花车游行的时候，三毛看不见，便让荷西把她扛了起来，于是三毛便看到了那无比欢乐的场景。三毛很为其中一个小丑叫好，那让她觉得像是从毕加索的画中走出来的人物一样。在这欢乐的海洋中，三毛感悟了许多，为他们对生命的热爱而动容，认为那是一颗颗"赤子之心"。

经历了丹纳丽芙的热辣，三毛与荷西转到拉歌美拉岛的时候相比便有些寂寞了，这里就连教堂里的神父也都渴望能够与人多交谈。拉歌美拉岛是以口哨闻名的，因此一到这里，三毛便心急想要听人吹口哨（她是不会吹的）。

这里人少且荒凉，却也有它独特的风土人情。三毛去一家商店时，见到一个西班牙跳舞的响板，因贵而不愿买，但是店主人却热情地为他们演示了用法，还在店外边跳边唱起来。这位妇人还给三毛唱了她自己编的诗歌，都极为押韵，让三毛听得入了迷。得知这些都是临时起意而从来没有被记录过时，三毛还为此大大惋惜了一阵。

三毛与荷西来到这个岛上的时候，这里也在过嘉年华，不过形式不一样，是往别人的身上撒白粉，而且这里的人比较羞涩，不敢往荷西和三毛他们身上撒。待到在广场上找到人后，三毛才真正听到了想要听的口哨声。

两个中年人在广场的两边分别坐下，其中一个吹口哨，另一个则按吹出的口哨音的意思做相应的动作。三毛第一次尝试让这边的人吹口哨，让另一边的人站起来，那边的便立马站了起来；三毛对吹口哨的示意让另一边的人跳舞，另一边就真的做了一个舞蹈的动作；后来三毛大笑着要请他们喝酒，结果听了口哨音的附近的大男孩也都纷纷要求同去。三毛觉得她好像处在一个用鸟声说话的梦境里，高兴得不能自己。

这个岛上的居民很朴实，三毛本想他们可以开发这个项目做旅游，但是他们还是愿意简单地过着自己的日子，甚至这门绝技也渐渐在失传。这里的青年人会在空白的墙上写大字，表示他们需要电影院，但是却不愿意学这门逐渐失传的绝活，三毛觉得实在很可惜。

拉芭玛岛是个被三毛形容为"杏花春雨江南"的美丽地方。这里不仅风景美，人也特别有人情味。三毛与荷西一同坐公交车去看风景，公交车司机不但热情地将他们让到了最好的位置上，一路给他们讲解着风土人情，还擅自偏离公路带他们去国家公园里逛，每到一个地方就拉他们下来看，而全车的乘客竟然都没有反对。

就在司机带他们去的一个地方，三毛发现了一个美如中国江南桃花源一样的所在，这让她深受感动，恨不能长久住下来。三毛看一个农夫砍芭蕉的长刀入了迷，那位农夫便十分慷慨地送给了三毛，连刀鞘都解下来给了她。这里的风土人情让她痴迷不已，三毛想着，如果有一天能够选一个终老的地方，拉芭玛岛肯定会是选择之一。

但在拉芭玛岛却有一件让三毛不快的事——一个女疯子扯去了她的几缕头发和荷西的一些胡须，接着便逃走了。三毛对这件事耿耿于怀，幸而当时没有发生什么事。但在几年后，拉芭玛岛上埋下了一个三毛终身挚爱的人。

作为有着"海和火山爱情结晶"的加那利群岛，兰沙略得岛便是体现了这样一处神迹的地方。这里的土地是深色的，土地上布满了大大小小的火山，极其具有震撼力。三毛几乎是毫不费力就爱上了这里。和当地的人交谈对三毛来说也是很看重的一件事，因为对她来说，没有人，再美的地方也吸引不了她。

当地人告诉三毛，让她和荷西一起去兰沙略得附近一个小岛上转转，说那里很美，值得一去。在许多人的推荐下，三毛便与荷西一同出发到了那里，在那里花了很少的钱便吃住了几日，享受了几日短暂的美妙时光，而对于荷西来说，那几日更是幸福。

荷西喜好潜水，而在那座小岛的水下，水底风光尤为美丽动人，荷西下去一次后连连赞叹，还遗憾不能与三毛一起同享，回味之余又下去了一次。

待到旅行结束要回家时，三毛甚至都觉得有点茫然和无奈了。

三毛与荷西除了在加纳利群岛旅行外，还去了一个叫"马黛拉"的地方。这个地方与加纳利群岛齐名，不过却是属于葡萄牙的一个海外行省，同样以旅游著名，不过更为悠闲一些。三毛在这里待得越久，反而越觉得它可爱。这里的风土人情，像惬意的海风，轻抚过三毛柔软的内心。

在这里发生了几件让三毛记忆深刻的事。

有一件是三毛与荷西去一个小店买东西，三毛看中了一个红泥巴做的天使像，要买的时候老板非要往里面放四个。由于语言不通，三毛用手比画着她只要一个的意思，但是老板很固执，还带三毛上楼去看，结果发现三毛选中的是当地用来装饰屋顶的物品，一定要四个一起才配套。但是三毛还是坚持最初的想法，老板便固执了起来，宁愿不卖给她。在他看来，传统要比生意重要多了，这倒让三毛大为惊叹。

还有一件事是三毛与荷西发现一处酒馆，见到外面的桌子是酒桶状的，便起兴要在这里喝酒。三毛抬头看到那家店的招牌时不禁觉得很有趣，还让老板和那个招牌一起合影。店名就只有酒吧两个字，但是由于楼上是殡仪馆，而招牌上是一起写的，所以便成了"殡仪馆酒吧"。店主大窘，拼命解释着，但三毛和荷西觉得这是很有趣的特色，就连街上的行人也跟着哄笑了起来。

吃饭也有不得不说的趣事。三毛在外面和荷西去一家餐馆吃饭，看见有烤肉，便说要五串，把店家惊住了。三毛不解，坚持要吃，结果等烤肉上来的时候她和荷西都被惊呆了——那个所谓的松枝烤肉一串就有一百二十厘米长。后来三毛退了另外四串，但是撑得也够呛，不过店主人还送了他们温柠檬水助消化。吃得很撑，但是三毛还是觉得味道好极了。

当地有一个特色是从山顶上坐滑车到山脚，三毛与荷西一同坐的时候还加上了一个西班牙女孩。滑车速度快，后面还有两个拉绳控制速度的拉车人。但是就在这样的情况下，那个西班牙女孩却害怕得不得了，手掐着荷西的腿，荷西的脸色都变了。等到了山脚，那两个拉车的人浑身都湿透了——最辛苦的还是他们。

三毛最不忍看到别人受苦，单独给了他们小费，还真诚地表达了感谢，心里却是五味杂陈。她还想到了一种能够减轻这些人劳动强度的好主意，很认真地讲给导游听，导游却认为她只是在讲玩笑话而已，并不多予理会。

三毛与荷西两人的足迹踏遍了加纳利群岛，也踏遍了所能去到的一些美丽的地方。这些足迹，不仅仅是对于一颗爱美之心的见证，更是她和荷西爱情的见证，因为在这些足迹里，有着两颗相依相偎的心。

旅行中最可以见识到一个人的真实品行，对于三毛这样一个热爱旅行的人来说，则是完全把最真实的部分体现在了旅行中。旅行中的酸甜苦辣，在她看来，都是一场修行，难得的是那份心情和感悟，这是用什么都买不来的。

有一次三毛旅行外出，在车站里见到一个跟她要钱的中年人，说是要买一张船票去对面。但是他要求的数目和那张票的钱并不一致，因此三毛几次都避开他。但是这个人似乎就认准了三毛，几次三番前来，跟三毛磨耗着。但三毛一直躲着他，打定主意不去理他，因为她觉得这个人是骗子。可就在离开前，三毛心中的同情心又忍不住泛滥了，她想着就算是要受骗，也不能让一个也许需要帮助的人错失了受助的机会，因此返回去给了那个人那笔船票的钱，比他要求的数目还多。

事实证明，那个人真的只是需要一张船票，数目不对是因为他身上还有一点钱。三毛当时非常窘迫，觉得她做了一件很不光彩的事，受着良心的谴责。而经过这件事后的三毛，更加坚定了那颗要帮助别人的心，以后就算是被欺骗，她也会那样做。

旅行，让原本平凡嘈杂的生活有了新的意义，让生命因着别处的风景而受着净化和感悟，对三毛与荷西这两个大地之子来说，这才是最真实的生命体验。他们的脚步追着风，走在梦想的路上，他们所经历的点点滴滴都是最美的风景。他们把渴望活成了人生。

死亡之岛，天国在哪里

最好的爱，不是惊天动地的赞歌，而是相濡以沫的陪伴，经历了细水流年。一切生命里的苦与甜，都别有滋味。

在加纳利群岛，荷西有一段时间是处于失业状态的，投递出去的简历都像投入大海中的石头，一去不回，杳无音信。两个人都在家中静待消息，苦苦地等待着一份希望。为了节省开支，那段时间，两人每天只吃一顿饭，这在以后竟然成了一种习惯，三毛回到台湾后依然改不掉。

后来，去荷西终于有了一份工作，工作地点在丹纳丽芙岛，三毛与荷西之前旅游过，离所住的大加纳利岛并不是太远。荷西在此地的工作是做一片人造海滩，将它开发成旅游景点。不论怎样，新得到的工作还是让两个人大大高兴了一阵，经济状况也有了好转。

荷西去后一周左右，来信告诉三毛，说没有找到住处，但是让三毛搬过去，两个人先租一个小公寓住。尽管三毛留居此地而荷西周末回家可以为这个家庭省下一大部分钱，尽管去与荷西同住之后工资的一大半都付给了房租，但是爱情的相思不能让两个人忍受分离的痛苦，那种精神上的损失是钱财所代替不了的，所以两个人不顾别人善意的劝阻，还是住到了一起。

人造海滩建成之后，在一个除夕夜，两人相偎看着美丽的风景。夜里十二点将至，荷西催三毛赶快许下十二个愿望，三毛不知是怎么想的，内心只是重复了十二句："但愿人长久。"这句无意识的话让三毛心里一惊，觉得不是什么好兆头，但是情浓景好，也就不放在心上了。在那样的时刻，两个人深情互望着，像是要把对方看到骨子里去，荷西轻轻地在三毛唇上一吻，这种极美的情致，竟让三毛心里有了一种说不出的伤感，也许就像川端康成说的"美到极致是一种哀伤吧"，太过美好，反而怕失去。

因为刮起了风，怕三毛着凉，荷西将三毛裹在了他的大衣里，而三毛贪恋这种美好的情感，竟不愿意离开了。然而，因缘宿命、像一捆无形的绳索，我们像是被缚的普罗米修斯，终是无法挣脱，在悄然无声中，一切被它触动。有一天，邮差寄来一份邮件，三毛没来由地感到心慌，还担心是不好的消息，差点将包裹撕烂。结果信件只是让荷西去拉芭玛岛报到而已，并没有什么异常。

但仅仅是拉芭玛岛这个名字，就已经让三毛心慌了。之前去旅游时，拉芭玛岛给三毛和荷西留下了很好的印象，岛上的其他人说是一种巫术，但是幸好没有发生什么，三毛之后也就忘记了。而不安的种子，却落在心底，风声一过，便慌乱风发。

在荷西到拉芭玛岛一周后，三毛也跟随而至。在再度踏上这片土地而且即将要和荷西重逢的时刻，三毛却没有预想中的喜悦，相反地，初见之下的两座大火山给了她一种没来由的沉重和压抑，而之后，这种压抑的感觉一直紧紧抓着她的心。

到岛上后，三毛一直连续不断地做着同一个梦，梦里，她总是一个人坐火车要去什么地方，一种很深的孤独感伴随着她，而且，她记得所有梦里的细节。三毛总是在梦中惊醒，而好在醒来之后她的手总是被荷西暖暖地握着，这多少给了她安慰。

有一天三毛再度被吓醒后，看着荷西，突然发疯似的摇醒他，对他说着"我爱你"，而荷西竟也被这句话给惊骇到了，重复确定了三毛的话，不禁扑上来紧紧抱着她——这句话荷西等了有十几年了，从他还是一个十几岁的少年开始，就一直渴望三毛能够爱他了。结婚五年多，两个人却为着一句这样的情话一夜难眠，第二天再见面时居然彼此都有点羞涩，不敢看对方的眼睛，仿佛一对才刚刚恋爱的少年少女一般甜蜜而羞怯。

三毛自从感觉慌乱之后，一直觉得那个预兆是指向自己的，也就是说，她觉得离开的那个人会是她。三毛还有心绞痛的病，但是每次去看医生，却又怎么也检查不出病因，这更让她确信了自己的想法。

因为知道要别离，所以也就更加珍惜彼此，甚至三毛的这种没来由的紧张情绪也深深地感染了荷西。

荷西去上班后，三毛便独自去菜市场买菜，还经常会顺道去荷西工作的地方看他。去得久了，每次三毛去，都有人给她微笑着指路，拉绳叫荷西上来，而上来不过几分钟的时间，两个人也不怎么说话，只是互相依偎着，在大西洋的天空下分享着甜点或者水果，幸福而美好。

每次荷西下水后，三毛便会呆呆地看着水面，愣神好一阵。同事看了不解，问他们结婚多久，得知已经是五年多的夫妻感情却仍那么好时，都十分不解，却也是十分羡慕的。

他们不能明白三毛与荷西之间的这种感情，尤其是两个人心中现在面临着一份随时会失去对方的感受。

荷西经常是小跑着回家的，而平日里见不到妻子，便会大街小巷到处去问："见到 Echo 了没有？见到 Echo 了没有？"他还用加班赚来的钱给三毛买了一块手表，告诉三毛以后一分一秒都不可以忘记他。这样一句不祥的话，又使让三毛的心里一惊。

三毛经常去找荷西，已经成了一种习惯，以至于当她有一天没有去时，荷西便立即担心起来，觉得一定发生了什么事，连潜水服都没有换便开车回了家。果不其然，那一天，三毛的心绞痛又发作了，荷西心疼极了，恨不能替妻子受这份苦。

三毛在这样的情况下，几乎是哀求着荷西，让他在她死后再娶一个太太，最好是一个温柔的太太。荷西怎么会答应！他狠狠地说着，要是三毛死了，他就要一把火烧了房子，然后再乘着一只船在海上漂流到死。

这种不安的气氛一直笼罩着两个人，以至于荷西都想要在工程结束后就带三毛离开这里。

这种惺惺相惜的感情几乎无时无刻不体现在点滴的生活里。有一次，有杂志向三毛约稿，让她写一篇《假如你只有三个月可活，你要怎么办？》的文章，而得到题目的三毛只是笑了笑，并不想理会。荷西知道后很好奇，便同样询问三毛，三毛那时正在给荷西包饺子，想也没想就对他说道："傻子啊！我不肯死，因为我还要替你做饺子。"

如此平淡的话语，在荷西听来好比世上最动听的情话一般，他在身后抱住三毛，一直到饺子上桌才放手，而眼眶一直是红红的。

荷西受这种不安感觉的影响也是极重的，他也变得十分敏感。三毛在家期间经常会熬夜写作，而荷西知道后虽然不怎么言语，却盼着三毛能够早点睡。三毛得知丈夫好几天因着她熬夜而没有睡着觉后，便决定搁笔了，她不忍心丈夫睡不好觉，因为荷西有一个多年的习惯，睡觉时总是要拉着三毛的手才能睡着的。

也就是三毛与荷西在拉芭玛岛上的那一年，远在台湾的三毛父母趁要到欧洲旅游的机会决定来看他们。

这在三毛和荷西看来，是再也惊喜不过的消息了，两个人兴奋了好久。三毛还想让荷西叫父母"爸爸妈妈"，虽然当时在欧洲的传统里那样未免太肉麻了，但是三毛称呼荷西父母亦是如此，想让荷西规规矩矩做一个"中国女婿"。

父母到欧洲后，三毛先陪他们在西班牙游历了一番，然后才带他们去了当时居住的拉芭玛岛。在机场见到岳父岳母，荷西紧张得没有多说话，叫了三毛父亲一声"爸爸"后便不声不响地提起了行李。三毛的父母却是很喜欢这个之前素未谋面的女婿。

有一天在饭桌上，一家人吃着饭，荷西突然用中文很不流利地说道："爹爹，你让三毛同意我买一辆摩托车好不好？"就为这一句只有三毛才称呼的"爹爹"，三毛躲在卫生间里用毛巾捂着脸哭了起来。若不是爱她至深，又怎么会肯如此相称她的父母呢？

有了摩托车后，荷西便经常骑着摩托车带岳父游览岛上风光，而平日里一家子一起吃饭，也是其乐融融。荷西与三毛第一次觉得这个家变得热闹了，就连以前两人一直不想要小孩的想法此时都让彼此觉得讶异，开始想要一个新生命了。尤其是荷西，他以前告诉过三毛，说他缺乏家庭的温暖，现在与三毛的父母在一起生活，他突然觉得这才是一个真正温馨的家。而本计划稍作停留的三毛父母，也在岛上停留了有一个月之久。

但是，快乐的日子终究是要过去的，就像这座弥漫着死亡气息的岛屿，虽然欢乐的时光看似将这一切掩盖了过去，但是殊不知其实是一场"回光返照"，一切要来的，终究要来。

一别，永不相见

第一最好不相见，如此便可不相恋。

第二最好不相知，如此便可不相思。

第三最好不相伴，如此便可不相欠。

第四最好不相惜，如此便可不相忆。

第五最好不相爱，如此便可不相弃。

第六最好不相对，如此便可不相会。

第七最好不相误，如此便可不相负。

第八最好不相许，如此便可不相续。

第九最好不相依，如此便可不相偎。

第十最好不相遇，如此便可不相聚。

但曾相见便相知，相见何如不见时。

——仓央嘉措

不知道这一转身，竟然成了永别。荷西送三毛与父母上了飞机，独自留在了拉芭玛岛，留在了这个一开始就充满着不祥的地方，走向了悲伤的终点。

三毛看着荷西的身影越来越远，越来越淡，不禁心里掠过一阵寒意——她想到了那个经常出现在她梦中的场景，那里面她总是一个人孤独地走，有一个人为她送别，现在离荷西越来越远，一种莫名的伤愁向她的心头袭来。那种不祥感也越来越真切。

　　终于，噩梦还是到来了。刚陪父母到英国没有几天，三毛就收到了来自拉芭玛岛的噩耗，荷西出事了。

　　荷西还是像往常一样喜爱着水底的世界，三毛离去后，他决定下海去钓鱼。但是这一次，潜下去却再也没能浮起来。三毛与父母赶到的时候，连荷西的尸首都还没有见到，这简直让三毛发了疯。她日夜祈求着，恳请着她最信仰的上帝，希望能够用她所有的忏悔来换回荷西，就算是最后找回来的他是不完整的，是残缺的也没有关系，只要还能够再看他一眼。这样的噩耗给了三毛最沉重的打击，一夜之间，便有了许多白发。

　　为君美容颜，为君生白发，何日共君去，与君长年华。也许，三毛日夜的诚心祈求感动了上天，沉寂了两日，荷西的尸身被找到了，三毛扑上去，泪流满面，便是一场泣血的哀恸。尸身尽管被海水泡胀了，可他还是荷西，是三毛挚爱的荷西，不顾父母的阻拦，三毛抱着荷西的尸首惊天动地哭了起来。

　　在三毛的哭泣声中，荷西的伤口突然开始流血，鼻子、眼睛、嘴巴，都开始流出鲜红的血液。也许这是他能够为她传达的最后一个真实的讯息了吧，用他的鲜血代替眼泪哭泣，告诉三毛他对她未尽的爱。

　　就在荷西葬礼的前一天，三毛独自提前来到了将要把荷西葬入的那片墓园，在这里，她要亲手为他挖一座死后的住处。三毛一边哭泣，一边用那双荷西生前夜晚睡觉时常常握着的双手死命地刨着、挖着，直到泪水混合着血水再和着泥土有了凹陷的形状，也没能停下来这一在外人看来疯狂的举动。

再深的苦痛也无法停止时光的流淌。这一天终于来到了，要亲眼看着曾经深爱的人安眠到冰冷的泥土中去，三毛实在是受不了这么残忍的打击。就在入葬的那一刻，三毛疯了一般，扑上去对着荷西的尸身大哭，泪水滂沱，让理智决堤却难以冲淡悲伤，三毛甚至做出了扑到荷西墓中的举动，要跟他一起下葬。他死了，三毛的爱与灵魂亦随他而去，留下这副躯壳又有什么意思呢？

葬礼因为三毛过度的悲伤和疯狂的举动无法继续下去了，三毛的父母也是强忍着泪水拼命拉住了女儿，才没让三毛扑到荷西的墓中去。她的情感就像是冲破闸门的洪水，失去了控制便难以收覆。无奈之下，她被注射了镇定剂，但是仍用尽最后的力气拼命地喊着："荷西回来！荷西回来！"这样的愿望成了她生命中唯一的最后的渴望。

那个叫着三毛"我的撒哈拉之心"的男人永远地走了，带着三毛的心一起走了，再也回不来了。

同样是父母，荷西的家人和亲属参加完葬礼，只是哭了一阵吃了饭便卸下了伤心的情绪，他们还有"更重要"的事要做，那就是上街买打折的烟酒、手表等他们"缺少"的东西。儿子没了，日子继续，反正还有一大堆的儿女，也并不怎么关心这个儿子的情感，他们关心的只有他工作后没有寄回家的钱。

对于三毛来说，有荷西的地方就是家，是她的归依。那么如今，荷西下葬在了墓园，似乎墓园就成了三毛另一个家。每天清晨，三毛起床后便会到墓园里荷西的坟前去，一坐就是一整天，直到太阳西沉。

她去得实在是太频繁了，就连守墓人都认识了她，每到夜深，总是一遍又一遍地催着让三毛回家去。怕夜深露重，会让这个可怜的姑娘伤了身体。可对于三毛来说，这墓地里沉睡着她的挚爱，这才是她在这世界上最能感到温暖的地方。

在安静地与荷西"相陪"的日子里，三毛也总是看到那两座第二次来岛时看到的大火山，那让她感到分外压抑的火山，如今仍是静悄悄地矗立在那里，不再有任何的意义。

死去的人永远安眠，活着的人却忘了还有"生"的事宜。所有繁来与苦痛如潮水般汹涌而来，不仅有悲伤来压着她，更有许多实际要处理的事情摆在面前，不得不让她去面对。葬仪社的钱还没有交，荷西的身份证和驾驶执照必须要去警察局交接，死亡证明必须去法院申请，荷西的工作合同证明还要去马德里的总公司索取……

悲痛的情绪已经将三毛击垮，她疲惫的身心，已无法为此奔波，要一次次面对荷西死去的事实，一次次陈述过程，这样复习悲伤，更会让三毛生不如死。

最疼爱三毛的爸爸妈妈只能眼看着却无能无力，这些事情必须要三毛亲自处理，而且父母不懂西班牙文，根本帮不上任何忙。唯有尽其所能地安慰着三毛，陪伴着三毛，其实对于此时的三毛来说，他们的话语和拥抱，要比任何的帮助来得更直接和有效。

荷西的坟墓是由三毛亲手挖的，那么她的墓碑也必须由她亲自刻划。三毛请一位木匠给荷西的坟做一个十字架，样式由她来设计，上面刻的铭文是三毛拟订好的。

老工匠只说了一句，不要刻太多，否则会刻不下的，连他也知道三毛对荷西的深情，一两句话是根本不够用的。但是三毛并没有多用什么话，面对深爱和深伤，这个世界上所有的言语都已经苍白了。他的名字就已经是一切了，是三毛心中永生的印记了。

"荷西·马利安·葛罗。安息。你的妻子纪念你。"简短的语言，深刻的爱情，全在里面了，不用给别人看，不用解释给任何人听，只一个名字，他所有的一切就已经在她心里。三毛独自背着十字架和木栅栏，不要任何人来插手，一步一步将它们背到了荷西的坟前，再用手挖开坟前的土，用石块一下一下将木栅栏钉在了坟前。

父母看着亲爱的女儿一夜白头，迅速消瘦，还一天天守着荷西的墓不肯离开，他们实在是怕这个痴情的女儿最终也随荷西同去。于是，只能将三毛带离这个地方，不能再任由她这么疯狂下去了。

在父母的苦心劝说下，三毛答应同他们一起回台湾，那里毕竟还有她的家人在，再任性也不能将父母置之不顾。要离去的那天，三毛让父母在墓园外等着，她要和荷西做最后一次道别。

在荷西坟前，三毛一次又一次亲吻着那块刻着他名字的墓碑，心里面渴求着荷西给她离开的勇气，终于掉转头狂奔着离开；在跑了一大段路之后，却又不自觉地回首，这一回首，竟又是不舍，便又向着荷西的墓狂奔而去，哭倒在荷西的墓前，泪洒一地。

三毛想到了荷西睡觉前一定要握着她的手才能安睡，现在，在那冰冷的坟墓中，她简直不能想象荷西要怎样才能好好睡着，也无法忍受荷西已经离去的事实，不禁又一次疯狂了起来，拼命挖着荷西坟前的土，想要再一次将荷西挖出来，再抱他一次，再看他一眼，直到双手又一次流出了鲜血，直到父母不得不含泪强行将她带走。

可失去了荷西的三毛便失去了灵魂，就算离开了伤心地也无法减轻她的痛，时光在三毛的伤痛中，彻底地失去了效用。

曾经最为挚爱的人，那个有着大胡子如希腊海神般英俊的男孩，那个第一眼便固执地爱上了她的男孩，那个曾经在树下被嘲弄为"表弟"的固执等待三毛的男孩，那个等待了她整整六年青春时光的男孩，那个为着她放弃所有一切远走撒哈拉的男人，那个为着一个家没日没夜拼命工作的男人，那个今生唯一一个叫她"我的撒哈拉之心"的胜过知己的男人，那个视她父母如亲爹娘的男人，那个用情至深的荷西，就这样先三毛一步，从她的世界里离去了，留给三毛的，是再也拼凑不起来的一颗死去的心。

从此，世上没有了一个活泼热辣的三毛。

记得当时年纪小
你爱谈天我爱笑
不知怎么我们睡着了
梦里花落知多少
……

第七章

选择流浪：
万水千山走遍

千里追寻，在乎的不是目的地

　　这世间大事，唯有生死离别，才是痛的极致。失去了荷西的三毛，失去了生活的勇气，这份爱成就了她的璀璨，也最终将她摧毁。

　　一家三口一同回到了台湾，还是那熟悉的故乡，还是这一家人，仿佛什么都没有变，可一切早已面目全非。三毛的心已经千疮百孔，父母不放心地将三毛放在身边，时时看着她，才能最大限度地避免那个他们想也不敢想的可怕念头。

　　尽管是在父母的看护下，还是有一众友人诚挚地恳求着三毛，这个已经悲痛到不能自已的人还是试图要自杀。女儿的念头是如此可怕和难以打消，作为母亲只能每天以泪洗面，而父亲则更甚，对着三毛抛下了这样的话："如果你敢做出这样毁灭自己生命的事情，那么你便是我的仇人，我不但今生与你为仇，我世世代代要与你为仇，因为是——你，杀死了我最最心爱的女儿——"面对着父母这

样的态度，三毛更是痛苦。她一面要面对挚爱离去的深痛，一面要
背负父母的亲情，她脆弱的心，有一种深深的无力感。

这些年三毛虽然身居国外，但她的名气早已经响遍了亚洲，到
荷西离世前，三毛已经是个在中国尤其在台湾家喻户晓的人物了，
甚至于还有读者特地跑去国外三毛居住的地方去寻她。荷西离世后，
更是有着一大批热爱三毛的读者纷纷落泪，为三毛悲痛着。

电话不断，信件也不断，尽管三毛很少有精力回复，这份真情
厚谊却也在时刻鼓励着三毛。这些读者里面，还包括名声甚至比三
毛还要大的言情冠首琼瑶。

三毛与琼瑶，都是因着彼此的文字而结缘。三毛从少女时代起
就爱看琼瑶的作品，几乎是每个黄昏都等着那份连载有《烟雨濛濛》
的报纸，为琼瑶笔下的故事而痴迷；而琼瑶，自从看了三毛写撒哈
拉沙漠的文字后，亦是深深为她和荷西的爱情而感动，还寄给三毛
自己的一部作品《秋歌》。两个人都恰好姓陈，三毛叫琼瑶陈姐姐。

相近的灵魂总是会有共鸣，她们从彼此的文字里窥察到了那份
情感，还未见面就已是熟稔。自从 1976 年三毛回家休养时到琼瑶
家中拜访，到荷西离世后的再度相见，两人已经不自觉地成为挚友。
这次三毛遭遇人生中最大痛苦的时候，琼瑶自然是不会坐视不管的。

早在知道荷西死讯的第一时间，她便与丈夫联名给三毛发了一
封急电，上面写着："Echo，我们也痛，为你流泪，回来吧，台湾等
你，我们爱你。"

三毛回台后不久，琼瑶便想要去看三毛，但是那时三毛在父母
家中，怕不方便，于是琼瑶便邀三毛至她家，告诉她不要顾忌，让

三毛到她家中去哭，去闹，去讲。总之，琼瑶要和三毛讲话，她希望能为三毛的心打开一个出口，让她宣泄出内心痛苦的情感，为她燃起生的渴望。

后来三毛把她与琼瑶的那次谈话写了出来，命名为"送你一匹马"。马，是三毛这一生最爱的除人以外的生命，爱到刻骨；而失去荷西后，三毛也早已忘了她心中的那匹马，直到琼瑶再度"逼"三毛承诺活下去，而后又送给了她一个画有一匹马的陶盒子，里面还有一包不谢的五彩花。

那次三毛与琼瑶的谈话近七个小时，琼瑶一直要求三毛承诺不自杀，最后三毛终于妥协了。三毛是个重承诺的人，当时对琼瑶几乎是"恨"了，恨琼瑶逼她承诺，因为一旦承诺了的东西，三毛是绝不会辜负的。

但也正是因为那七个小时的谈话，三毛最终在那段时间放弃了自杀的念头。当三毛再度穿着一袭彩衣而不是那沉重的黑衣来到琼瑶家的时候，她不得不感谢琼瑶给了她一段新的生命。她形容之后的感觉就像是在琼瑶家喝的那杯茶，也像是撒哈拉威人喝的三道茶最后一道的滋味——淡如微风，那样的感觉虽然是微淡的，却是历尽沧桑的领悟。

那以后，三毛也暂时看透了一些，平静下来的她想到还有父母在，便不再生自杀的念头。她说，这一生最爱的人有三个，只要其中任何一个还在世上，那么她就不可以死，任是神也不能拿走她的生命。

可未来难以料想平静的日子里，总是有未知的风浪。几年之后，台湾的文化界出现了一些关于三毛与荷西的谣言。其中一些谣言说荷西没有死，只是因为和三毛感情不和而离婚了；还有人说这个世上甚至没有荷西的存在，是三毛杜撰了一个丈夫出现。

这一切都深深地中伤了三毛，使得刚刚从丧夫之痛中缓过来的三毛再一次陷入悲痛的深渊。无奈之下，三毛与父亲一同上电视辟谣，出面终止了流言。

她本是个不会理会别人想法和说法的人，但是这一次她无法忍受了，因为这关乎到一个她挚爱的人，她不能忍受别人去伤害她珍贵的爱。

在一切似乎都渐渐淡了下来的时候，三毛又开始了她的"流浪之旅"。对于这样一个似乎生来就注定漂泊的人来说，没有什么能够阻挡她前行的脚步，还有对生命意义无限的探寻。

一个春天，三毛到东南亚及香港旅游。其中，在泰国的经历让她尤其记忆深刻。三毛体验了一次飘浮在空中的经历，那是一种身后扎着降落伞由汽艇将人拖起来后，可以像风筝一样飞起来的运动。当三毛像风筝一样被汽艇给拖起来时，她感觉自己像是一面飞在海上的彩色的帆。此时三毛的心里却是与自由快乐相反的另一种感受：她的心不知为何狠狠痛了起来，像是出血了一般，这种情况下，她不自觉地想到了死后的灵魂，想象着这种飘浮的感觉应该就是死后灵魂在飞时的感受。

飞翔时应该有的喜悦和自由，在三毛的感受里却成了另一番有关生死灵魂的旅程，这让她感到一种近乎是痛苦的感悟了。她不是参不透生死，却在这种心境里带着痛去体悟：让灵魂放飞却仍有一根线牵着，这根线的那头，是亲情，是友情，是放不下的牵绊，不能也不忍去断开。想要挣脱开的那一端日夜盼着能与那个所爱的人早日相聚，紧紧牵着的这一端却又以无限的爱苦苦守候着她，所以她的心会痛。

东南亚之旅结束后，三毛又转道香港。和她一同旅行的还有一位摄影家水禾田，在他回忆中，那次的旅行也是极有趣的。在曲折的小路上，车子一路跑，一路还在放着三毛作词的那首《橄榄树》。三毛从来没有认真听过自己写的歌，在她看来，那些都是后期被改编过了的，不能算是她单独的作品，但是人在路上，又如此应景，就连她都不自觉唱起了《橄榄树》，与水禾田一同合唱着，内心涌出一种漂泊的情怀。

她的人生，也正像极了这首歌，不要人问她从何处来，也不要人在意她到哪里去，她只是无目的地在流浪，停不下脚步，只是匆匆从一个地方赶往另一处不知有什么等待着她的地方。她爱极了却也是厌倦极了这流浪，也许曾经有过瞬间的安宁，却又要不断失去，不断迫使她再度踏上新的征程，她的人生，她的梦想，始终在路上。

她终究是忘不掉、也放不下心中的那棵"橄榄树"，尽管在台湾备受呵护，尽管在四处继续着前行的脚步，却始终在意那个让她魂牵梦萦的地方，不得不再度前往，急切地想要投入它的怀抱之中。

从香港回来后，三毛常常于深夜静坐在书桌前，开始了自己早在幼年时就爱做的随意写作的游戏。写着写着，她竟发现自己居然在写自己死亡时的场景。在三毛的笔下，她是在一个座谈会上突然死去的，坐在镁光灯下的人们先是呆住，沉默过后，响起了三三两两的掌声，继而又有人后续地加入。因为他们觉得三毛这样死是最好的离世方式，诚实且不虚假地在众人面前离开，没有恐惧，没有痛苦，那仿佛是一场庄重的仪式，她走向生命的尽头，放飞了灵魂，没有沉重和悲伤。

写下这一段话的时候，三毛也被吓了一跳，那种潜意识中总想杀死自己的念头一直都存在，没想到在这种时候来得更突然。她知道动动笔就可以杀死一个众人眼中的三毛，甚至有一次打电话时骗别人说三毛死了。但是三毛却放不下长久以来的好教养，不能自由说出"你见鬼吧"这样的话，那些念头也就只是念头而已。

为了挣脱心里那始终放不下的牵绊，三毛最终还是决定了要去那个地方，去到那个让她曾经死过一次的地方。既然放不开，那么就面对它也好，长久逃避下去的话，她的心里总是有一个结在那里，如鲠在喉。

去吧，去到那个有着橄榄树的地方吧，三毛的内心在轻轻地呼喊着。于是，这个勇敢的追梦人，又迈开了她追梦的脚步。

孤独的燕子，每一处都有飞翔的足迹

　　尽管准备回到台湾，但是三毛仍然不敢一开始就面对它，她需要有一个适应过程，需要一个缓冲带。瑞士，便成了她选择的那个缓冲带。

　　三毛不知道的是，她的一生中好多事总像是命中注定一般，逃也逃不开。无数个机缘巧合，交织成了一种必然的命运，她始终无法挣脱。

　　三毛多年来总是反复做着同一个梦，梦里面，她与所有人告别，独自去一个地方，那种清清楚楚的孤独感和痛苦常常将她从梦中惊醒。她记得所有的细节，但一开始只当这是一场噩梦而已。

　　所有的一切从她再度离开台湾飞往瑞士时便按下了启动的开关。从三毛在家中数夹杂着好几国币种的钱开始，那种梦境里的感觉便悄悄出现了，她几乎立刻就捕捉到了。在机场和父母分别时，三毛不敢去看他们的脸，怕那是如梦中一样模糊而没有五官的面孔。

　　之后三毛飞往了瑞士，在瑞士洛桑车站，女友来接三毛时，三毛简直都不能相信自己的眼睛，因为这完全就是梦中的那个车站，一模一样。惊骇让三毛差点对女友脱口而出，追问车站的具体细节，但是她最终没有开口，怕被说那是长途旅行后的幻觉而已。

三毛从来没有想过她会和车站有什么关系。所有的旅行，大部分因为距离遥远，都是乘飞机；剩余的都是短途，要么乘公交车要么乘船，倒是从来没有过坐火车的机会和经历。三毛不明白，为什么梦中总会有一个车站，而她要坐上这辆列车一直向前走。

在女友家，三毛略作休息后便去了意大利，当她再次回到女友在洛桑的家时，有一次女友说要去车站接几个人，而三毛为了印证她之前的想法，也一同去了。不出三毛所料，那个车站，同梦中是一模一样的，分毫不差。

原本是没有再去其他地方的打算，但是在与故友打过一通电话后，却不得不去见一面了。三毛当时是在瑞士法语区，除了女友外没有什么认识的人，但是在德语区却有很多朋友，其中就包括当时在加纳利群岛的一个邻居的儿子，还有一家关系十分亲密的人，三毛同他们一家的关系都很要好，跟亲人一般。

三毛旅行有其他计划，本要去维也纳看一位堂哥，却被这一家人强烈要求见面，还打算开车来接三毛。洛桑的女友知道后，劝三毛坐火车去，既方便又不会太麻烦。在听到要坐火车的那一刻，三毛有点吃惊，几乎是下意识地拒绝了，但是考虑到现实因素，不想太过麻烦那家人，还是最终决定坐火车，但是内心十分害怕梦境中的那个场景会重现。

就在离去的那一天，女友准备去送三毛，还特意穿了一件红色的衣服。三毛知道这一切要发生了，因为梦境里就是有一个红衣女子，不过她这时才知道原来那个红衣女子就是她的女友。到了车站，三毛几乎不用去多想什么，连女友嘱咐她的六号月台也是那个数字，在她看来，不过是一次又一次地重复上车，这一切已经在梦里演习过很多次了。火车开动了，三毛却还在等一句话，直到女友用中文说出那句："再见了！要乖乖的呀！"

坐上了火车的三毛感觉自己仿佛走入了梦中。可这孤独的梦中，她只是孤单一人，无人陪同。

在火车开往巴塞尔的路上，三毛看着窗外的雨，呵着白气画着各种的图案；途中见到的妇人、三个兵，都让她觉得无比熟悉，这些已经是她在梦中见过很多次的面孔了。每一站中途停下的时候，她都有一种想要跳下火车中途出走的冲动，但是最终什么也没有做，一直到了终点站。

在巴塞尔，三毛的故友全都热情地迎接着她，到了她最熟悉的马利亚妈妈拉赫家中后，三毛彻底放下了自己，痛痛快快地哭了一场。这一家人不管是父母辈还是孩子辈，都和三毛很要好，她也在这里得到了很好的休息。家中还有三毛与荷西的相片，三毛看着那个已经不在了的爱人，心中无限伤感。

在这里，三毛还见到了那位她今生唯一的拾荒同好，两个人见面却是几近无言。得知马利亚妈妈曾经对着她的照片说过一句"不要再撑了"，三毛一下子泪崩。再好的地方也不是她心中最想念的那个地方，尽管所有人都想要三毛多住几天，三毛还是偷偷去买了离开的机票，与他们告别了。

告别的那天，三毛将这些可爱的人的脸仔仔细细看了一遍，将他们全部印在了心上，然后才离开。

　　这一次飞往马德里，三毛却做了一个短暂的逃离，就像她在火车上无数次想做的那样，既然那里没有什么真正等待她的人，那么能拖一天便是一天。她在飞机中转的时候，先把行李寄到了马德里，她则独自去到了巴塞罗那。下了飞机，三毛坐上了一辆出租车，告诉司机直接去游乐场。司机被三毛吓到，转过头来不相信地问她，是不是坐飞机来就专门为去一趟游乐场？

　　游乐场里，三毛先是静静地看着来往的人群，心情也渐渐放松了，偶尔有人过来，看三毛独自一人，便好心问要不要一起，三毛总是说，还有她的先生陪着她。后来，三毛决定短暂遗忘，坐上了云霄飞车，啃着棉花糖，带着黄色气球，那个时候的她在丧夫后的苦痛中，第一次感到了幸福，感到了疯狂的快乐。

　　但那只是一夜的短暂逃离，缥缈如梦，天亮了，梦醒了，现实便复活了。该面对的还是要面对，尽管再不情愿，三毛还是回到了那个已经没有丈夫的马德里的家。

　　回去的时候夜幕已经降临，三毛在门口轻轻叩着，不知道该怎样去面对，就连走廊里的脚步声都让她感到胃绞痛。婆婆给三毛开了门，见面后，抱着三毛便哭了起来。不管以前如何，这一刻为着一个共同的男人还是会心酸的吧。三毛来的时候没有通知，寄来的明信片也是不同国度的，以至于没有任何人知道她的到来。

　　在与公婆相见后，三毛想要睡荷西的旧房间，但被婆婆告知到小妹的房间去休息，还问三毛要住多久。婆婆让三毛立即给家中其他人打电话，让她去一一拜访。在三毛累极了的时候，婆婆没有给过她喘息的时间，这个家少了一个人就似乎少了很多东西，有好多的阻碍在面前。

除了荷西，这个家中最真诚对待三毛的就是小妹伊丝帖了，三毛回来后，她真诚地欢迎三毛，还将三毛拉到无人的浴室，很认真地告诉三毛，她是爱她的。伊丝帖的微笑都和荷西一模一样，性情也相近，三毛在这个家里最爱这个小妹了。

当晚小妹走后，婆婆便迫不及待地跟三毛讲荷西死后房产分割的问题，告诉三毛如果要卖房，一定要经过他们的同意。婆婆固执地认为荷西生前是十分富有的。提到荷西，三毛常犯的胃痛又开始了，她不想一开始就谈这个问题，只是推脱着，想晚一点再说，不想在荷西成长的家中竟为着财产吵架，怕荷西的灵魂会不安。

好不容易睡着的三毛，在梦里面又见到了荷西，小时候的荷西。在梦里，荷西想要一本练习册，恳求着爸爸妈妈，却没人去管他，怕老师责打只好将旧练习册上的字迹用橡皮擦去，却没办法擦掉老师批改的红色痕迹，伤心地哭了起来。梦醒后的三毛，也是泪湿了枕头。

第二天，与公婆一起外出前，公公拿着一个装有荷西相片的相框，说着相框值多少钱云云。三毛在心底里伤心地想着，与其在荷西死后在意相框的价格，何不在当时多为荷西买几本练习册。

比起在这个没有亲情的家，三毛当时在马德里的街坊邻居却是真切地爱着她的。糕饼店的妇人亲眼见证了三毛初到马德里的窘迫和之后与荷西的相爱，不停地感慨着，还因为荷西小时候在她糕饼店打过工的缘故，不肯收三毛买糕点的钱。到了家中，早就有人一遍遍来邀请三毛去家中一叙。因为不肯一遍又一遍回顾伤心事，三毛往往坐个几分钟便回来了。

家中团聚，婆婆特定请了姐夫过来，一家人围坐着吃饭，姐夫却在饭前再次同三毛提出财产分割的事。

三毛本就脆弱不堪的心在那一刹又几近破碎。她哀求着让她吃完这一顿象征着团圆的饭，却被姐夫狠狠训斥为逃避。婆婆也在此时戏剧性地哭了起来，说三毛和荷西欺负她，婚后一年便不给她寄钱了。这个时候，只有妹妹伊丝帖是站在三毛这边的，为三毛辩护着。眼前这喧闹和戏剧性的场景让三毛感到一种心如死灰的悲哀。

三毛极爱荷西，也不愿意伤害他的家人，一心想要婆婆安心，说除了婚戒，其他东西她想要便什么都给她，听到这些话的婆婆，没有感激，反而追加了一句："反正你是不要活的。"

为了那一点可怜的财物，婆婆说了诅咒一般的狠话，比起儿子，她关心的从来都只有钱财而已。更戏剧性的是公公，吃饭时习惯关掉助听器的他没有听到其他内容，却在涉及荷西财产时耳朵分外敏感，等婆婆结束哭闹后，他大叫一声："荷西的东西是我的！"听到这样突然的一句话，小妹嘴里的汤喷了出来，而三毛则伏在婆婆肩上大笑起来。

如今，也只有笑看这一场闹剧了。

小妹伊丝帖反倒替家人感到害臊了，她说，父母根本不缺钱，在南部还有橄榄园可以赚钱。三毛却不在意这些，为了荷西，她不肯和他的父母决裂，反倒被小妹说她的想法太中国化。

小妹也不懂，荷西死后，三毛的心就死了，其他身外之物亦是不重要了，别人想要便拿去，更何况这个"别人"还是生养荷西的父母。她对小妹说，人生如梦，而她在晃荡的秋千架上，决定了不再继续穿那暗沉沉的黑衣了。

是时候抛弃这一切的牵绊了。

越等待，心中越爱

相思骰子安红豆，入骨相思知不知。生死离别的思念最痛，因为无人可医，无药可解。

故地重游，三毛渴望在这里寻找荷西的气息，给她的心以片刻的温暖，却又不敢触碰这一切，因为到处都是荷西的影子，再次归来，少了那份刺骨的痛，却多了份化不开的悲凉。

准备出发到大加纳利岛时，三毛想要打电话给父母报平安，不过婆婆居然不放心让三毛用电话，到了姐姐家后还是请台湾那边付费接的电话，因为父母不在，三毛到了加纳利岛又写信回家告诉父母她一切安好，让他们不要过分为她挂心。

从马德里那个没有亲情的家回大加纳利岛，三毛第一件事便是去那个她爱的人身边。下了飞机后的三毛，立刻去镇上买鲜花，就连店里的人看到是她回来了都惊讶不已，握着她的手，微笑着眼角却流出了泪。外面开车而过的人看见三毛，示意开车送她去看荷西，尽管三毛并不认识他。可见，他们的爱情已经像传奇一般流传开了。

去墓园的路上，经过了荷西停灵时的小屋，三毛的心一下子揪了起来，想到了他们相守的最后一个夜晚，在点着四支白蜡烛的房间里，三毛握着荷西冰凉的手守了一夜，尝尽了生死离别的悲凉。

失去荷西后三毛一直是穿着黑衣的，直到在马德里才决定脱去一身的黑衣。再次来到荷西墓前的她穿着他生前最喜欢的锦绣彩衣，她要让荷西看到原来那个三毛，不再为她担忧悲伤。

看到荷西墓时的三毛疯了般扑过去，就连花都撒了一地。她扑上去亲吻着墓碑，惊觉墓碑已朽，就连字迹也辨别不出了，于是赶忙插好鲜花，飞奔到镇上去买油漆和刷子，还买了黑色的粗芯签字笔。路上有熟人，三毛也只是匆匆拥抱了一下；银行行长想要陪她去墓园的好心也被拒绝了。这个时候，她只想要独自陪着荷西。

来到墓园后的三毛，发觉守夜人正在挖一座坟，还有工人撬开了坟中的棺木。原来是另一位同她一样身份的孀妇，要将她丈夫的尸骨移走。但是这位穿着黑衣的女子却不敢去看那已经逝去五年的丈夫的遗体，怕承受不住，但工人必须要亲人去确认才肯动手。知道情况后的三毛决定帮她去代看，但那一看之后的场景反而使她也大受刺激——肉体已化成灰，经一翻动，白骨就露了出来，只有衣服贴附在上面。

想到五年后的荷西怕也是这个样子，三毛忍不住浑身发麻、发冷、发抖，但是她仍然先是将那位哭泣的妇人从大太阳下扶到了阴凉的树底下才离开。离开时，三毛踉踉跄跄都快要倒下了，她到水龙头下面用凉水浸湿双臂再泼到脸上，才走向荷西的墓。

虽然知道荷西的灵魂已经与肉体分离了，但是三毛还是不能接受埋在地下的尸体会腐烂的事实，静坐了很久却哭不出来，随后才拿着油漆来到了荷西的坟前。

　　三毛在阳光下一次又一次地涂着荷西的墓碑，一次又一次拿签字笔画过那些字的凹槽，涂了干，干了涂，直到累得不行了才停下，双手环着墓碑睡了过去。三毛没有哭，只是觉得在做一个妻子分内的事，照顾她的丈夫而已。

　　三毛到家的时候天已黑了，但是此地的人情却是暖的，这里仿佛变成了一个大家园，三毛的朋友甘蒂夫妇来了，邮局局长夫妇也来了，一如她回到台湾的家时有很多朋友接她一样。对于这样一个用真心真情交友的人来说，谁能忍住不把心都掏给她呢？

　　第一个夜晚，再次见到家里那幢白房子，看到月光下的红瓦屋顶，三毛还是没能控制住自己的情绪，失声痛哭，胃跟着绞痛起来。女友甘蒂把三毛的衣箱都拿到了她的家里，坚持让三毛在她家住一晚；邮局局长让三毛去他家给她演奏电风琴，开了香槟欢迎三毛归来，三毛还是没能忍住投向家方向的目光，还是在举杯时悄然地流下了眼泪。朋友们都尽量让三毛开心，拉她去打乒乓球，一直陪着三毛到夜深才回去。

　　第二天一大早，女友还未起，三毛便留下字条迫不及待地回到了她的家中。尽管已经是几个月没有回来，但是邻居知道三毛要回来，帮她打扫了院子还擦了玻璃，三毛回家后要打扫的只剩下屋里了。一个星期以后，这个家又重新恢复了原来的美丽清洁，三毛做着和荷西去世以前两人一同做的事情，一切如昨，仿佛荷西马上就要回来，可现实是如此残酷而悲哀，这万丈红尘中，只剩三毛一人。

跟随三毛一同来到的，还有一大堆的信件。不在的这段日子里，给三毛的信却没有断过，以至于累积了一个大布口袋，还是麻烦邮局的朋友开车送过来的。与此同时，还有一大堆的事情等着三毛去处理。

首先便是房子归属的问题。因为荷西去世时没有留下遗嘱，所以公婆便想要和三毛分财产，尽管不想被这么多事情所扰，也想着索性把一切都给公婆，但是法律上不允许，还要到法院去申报才行。三毛便每日和法院、警察局、市政府、社会福利院、房产登记处这些地方打交道，应付处理各种文件，因为西属撒哈拉那时也已经不存在了，更是麻烦；公婆的文件还要从出生时开始办起，两边加在一起，让三毛产生不想活了的想法。

上午处理各项事务，下午则是大批的朋友来拜访。从来没有刻意去结交朋友的三毛和荷西，朋友却是越积越多。真心对待所有人的他们，受到了朋友们真切的热爱，荷西生前并没有怎么感觉到，在荷西死后三毛则是切切实实地体会到了这份真情厚谊。三毛说这些都是荷西生前在人间放下的感情债，现在全部都回报到了她的身上。

朋友虽多，孤独的三毛却觉得，没有什么人的话能够触到她内心深处，人多了反而觉得累，但还是真诚地感谢着他们。除了朋友来访的时间，三毛便在院子里除草，一直到累得动不了才回屋去睡，期望通过劳动让她缓解心里那个不能触摸的痛。

父母让三毛在加纳利岛上住个三五天便回去，但是三毛踏上这个岛的时候就知道根本不可能在几天内就结束，她在此地住了一年多的时间才离开。以前从来没有在家中安装过电话，现在三毛为需要才第一次在家里安上了电话，不过她仍然不是很习惯，也不想要别人打扰，并不告诉别人她的电话号码，只是偶尔打出去。

每当夜色降临，半夜被惊醒的时候，三毛确确实实感觉到那份孤独，那种荷西不在了的恐慌，连书都看不下去，听着海潮一直到天明，再也睡不着了。对三毛来说，半夜不惊醒的日子便好过很多，却也十分奢侈。

她也一度在笔尖流露过这种感情：午夜梦回不只是文人笔下的形容，那种感觉真是尝怕了又挽回不了任何事情。

三毛实在是离不开这个地方，这里有大风、海洋和荒野，沙漠就在对面，荷西的坟就在邻岛上，这里的一切都如此熟悉，而家中又有她喜爱的花和书，怎么离得开呢？

有朋友担心三毛在岛上一个人过日子不安全，三毛只是淡淡告诉他们，她会买一把猎枪带在身边，养一条大狼狗，不允许任何人踏进她的花园一步，不然就拿枪对着他。她也不再穿得花枝招展，黄昏时便紧锁门窗，以此让亲友安心。

天气晴好的日子，她便去荷西坟前坐着，买一束花坐一个黄昏，相比于回来后第一次见到荷西坟时的景象，以后便好过了许多。

在三毛独居加纳利岛的日子里，出现过一个男人西沙，是居住在英国的中国人，曾经试图让三毛与他一同生活。他是三毛忠实的读者，为三毛的遭遇痛心不已，并决定到加纳利岛上看望三毛。

西沙拉着行李独自一人来到了语言不通的岛上，通过一番波折才找到三毛，三毛得知他是独自一人看她的时候才请回家略坐，但之后拒绝了他再来拜访的要求，经尽沧桑的她，只想要一份安宁，在岁月的余波里，忍着痛苦，抚摸曾经。

西沙并不死心，后来还寄机票给三毛，希望三毛能够到英国游览一番。三毛并没有去，还在后来西沙再度前往岛上看她时，告诉他曾经希望将机票换钱但没成功。西沙再次来到岛上时，三毛解决完遗产的事已经卖了那座白房子，搬到了附近的另一个地方。

西沙的再度来访并没有让三毛感动，三毛只是敬他为客，客气地带他去岛上游览了一番，并不打算让她的生活里多一个不善言谈而多愁善感的人。西沙最终放弃了，也不再写有关三毛的文字，最终静悄悄地退出了三毛的生活。

这段时光里，三毛安静地守着荷西，除了做她的事之外，也做着荷西以前才会做的事，并为她的新成就而骄傲，新家便是她和工人们一起建起来的，她还学会很多其他的技能。

三毛安安静静地守了荷西一年，心境也渐渐从容了许多，面对生死爱恨，也看透了许多。只是，如果问到此生的最爱，提到那熟悉的两个字，她还是会动容，只因为，那份爱从来就没有消亡过，等待越久，只会越爱。

第八章

阡陌一梦：
你看那滚滚红尘

痛，写在异乡的异客

　　每一种内心的巨痛，都是一种灵魂的洗礼。在加纳利群岛陪伴的一年多的时间里，三毛也渐渐意识到生者为大，在这个世界中值得珍惜的东西还有很多，而且在这个世界上她还有许多事情要去做。

　　她漂泊辗转，重游故地后，终究是回到了台湾，三毛在家陪伴父母，并继续写作，于是在《联合报》资助下，三毛到中南美洲展开了为期半年的旅行，写下了一系列的游记。

　　墨西哥、洪都拉斯、哥斯达黎加、巴拿马、哥伦比亚、厄瓜多尔、秘鲁、玻利维亚、智利、阿根廷、乌拉圭、巴西等十几个国家都在她的笔下生动起来，三毛用她的笔记录下了那里的风土人情、名胜古迹。

　　第一站是墨西哥，经过了长途旅行的三毛体力已经有些透支了，这一次随她同来的助手德裔美国人米夏却因为国外旅行而异常兴奋。

为三毛接机的人是她的一位旧相识，十四年的相识，曾经的男朋友，那位梦想成为外交官而如今已然成真的德国人约根。他没有按三毛的嘱咐去订旅馆，而是带她和助手直接去了他家。

气派的车，豪华的家，客气有礼甚至小心翼翼的仆人，书架上摆着三毛的书，到家时约根还放起了《橄榄树》的音乐。这一切在三毛眼里只是好笑，他一点都不明白她的心思，在三毛去和仆人握手时，她敏感地读出了他眼中的尴尬，显然他认为这是一个失身份的举动。

约根以男主人自居，还特地嘱咐三毛一大堆话："是这样的，此地计程车可以坐，公交车对你太挤。一般的水不可以喝，街上剥好的水果绝对不要买，低于消费额五十美金的餐馆吃了可能坏肚子，路上不要随便跟男人讲话。低级的地区不要去，照相机藏在皮包里最好，当心人家抢劫……"

三毛并没有买他的账，反而事事都反其道而行之，对他很冷淡，助手米夏几次让三毛用好一点的态度对待约根，三毛却觉得那只是给别人长了志气，灭了自己的威风。

在豪华的家中居住，反而让三毛觉得缺少生活气息，三毛本就不打算长住，而离开前的那个夜晚更是一剂催化剂。奢靡的上层社会聚会，见到的不过那几张熟悉的面孔，开始之初的客气冷淡到后来的淫逸骄奢，让三毛对这一切产生了厌倦的心态，就连助手米夏也差点被这种环境给影响和污染。就这样，三毛离开的计划甚至没有告诉米夏，在安排好了一切后便带着她离开了。

离开约根家的三毛在街头巷尾间才算是真正见识到了墨西哥的

生活，她也因此而欣喜不已。

虽然一开始，三毛在这座海拔有两千多米的地方遇到了高原反应，身体很不舒服，但是适应后的三毛便开始四处游览了。在坐过这里的地铁之后，三毛便喜欢上了这种交通工具，常常到站了还不舍得下，就为着看那一张张朴实无华但打动她的脸。

墨西哥还有很多吸引三毛的事物。在博物馆里，三毛发现了很多古代的神祇，最让三毛感兴趣的是玉米神和自杀神，前者是因为她喜欢吃玉米，后者则是她常常有的想法，更惊异于这个其他地方都没有的神对人自由意志的尊重。为了弄清它，特地跑去问导游不说，还亲自研究起来。爱石成痴的三毛对石刻自然抱有很大的兴趣，但墨西哥的大神雕像却让她觉得惧怕，觉得那看起来像是带着邪气的魔鬼。

除了景观外，让三毛记忆深刻的另一件事，是当地的一种小吃"搭哥"，类似于中国的春卷，是直接在人的手心里拍一张饼然后里面放馅食用，三毛觉得像极了一块块小抹布，把吃搭哥叫作吃抹布。米夏吃久了这种东西觉得不习惯，两人去中国餐馆吃春卷，结果只是类似炸过的搭哥一般，让人失望。

约根知道三毛的喜好，因此在集市找到了她，要带着她去逛。尽管不情愿，三毛还是随着他一同去划船，慢慢地，心情也因着亲自荡起的船桨而好了起来。这位高贵的外交官在三毛的习惯和坚持下吃了当地人才吃的搭哥，能让他摘掉高贵的面具的人，恐怕也只有三毛了吧。

墨西哥的教堂是个让三毛再度落泪的地方。三毛看到一对夫妇在教堂外跪着祈祷，丈夫的手搭在妻子肩上，妻子则揽着丈夫的腰，维持那个姿势跪了好久。那一个静默而虔诚的姿势，触到了三毛的泪点，她是多么希望上天把荷西还回来，哪怕像那对夫妻一样跪着，跪成石像也没关系。她还见到一家人在地上跪行，从老至幼膝盖都磨破见了血肉，仍然朝着圣母像前进，三毛知道那是为了队伍中少了的那一个人在祈祷，便再也忍受不住内心的情感哭了出来。

　　如此虔诚的人们在向着上天祈祷，而上天真的听到看到了吗？三毛几乎是愤怒的了，但又是无可奈何，这一切只是让她惊骇和落泪而已，余者，什么都做不了，就如同她改变不了荷西离去的事实。在黄昏里，她结束了在墨西哥最后的旅程。

　　第二站是洪都拉斯，三毛对这里的第一个印象便是兑换的钱币"连比拉"的名字。连比拉是以前印第安的一位大酋长，三毛每到花钱时，都会戏称花了多少个大酋长。

　　初到洪都拉斯的三毛因为喝了旅馆的凉水得了肠炎病倒了，几日后才好转，但仍旧为日后的旅行增添了一些麻烦，加上几乎所有的普通旅馆都没有热水，一路下来更是艰辛。

　　这儿最有趣的是公交车的名字，叫作"青鸟"，一个幸福的名字，可是三毛她们要去的地方是青鸟不到的。僻远的乡镇村落，三毛都与米夏步行着一路行去，这种贴近当地生活的方式她是不愿意放弃的。每每看到那一张张贫苦的脸，三毛总是不忍心，尽管经费充足，她也宁愿住普通的旅馆，吃最普通的当地饭菜。

　　村落中的房间更是简陋，三毛与米夏还住过"落虫如雨"的旅店，更因没有热水洗澡而导致浑身被虱子咬出了红斑，连头发也奇痒难当，不过相比周围的人，三毛觉得自己仍然是很清洁的。

三毛去了计划中的玛雅遗迹"哥旁废墟"，途中，还在一个教堂的平顶上奔跑了一次，生平唯一一次，却让她感到了极大的快乐；玛雅遗迹没有让三毛失望，在这片迷失了千年的丛林里，三毛感受到了来自远古的荒凉，尤其是在草丛里看到一块块长满青苔的人脸雕刻后，那艳绿色的脸给了她不小的震撼。

在旅途中，三毛还梦到了那辆青鸟将她带到了长满椰子树的海边，她在沙滩上一遍遍画着一个人的名字，而那个人真的从海里面升了起来，拥抱时都能真切感受到他身上的潮湿。当三毛在夜晚海边一遍遍徘徊时，心里竟然对墨西哥的自杀神念念不忘，这些天在这两个国家的旅行总是勾起她心中的那份伤感。

离开洪都拉斯的时候，米夏提议让三毛奔上一辆青鸟巴士，要为她照一张相片，三毛却并不为所动，在她眼中，这是个青鸟不到的地方，哪里又来的青鸟呢！

三毛觉得她与米夏仿若堂吉诃德与桑丘，只不过身份倒置，这也是一件很有意思的事。下一站去哥斯达黎加，三毛在此地还见到了好友的妹妹和妹夫，两人在当地经营农场，还有一对可爱的儿女。原本就有着农场梦的三毛与这家人性情相投，差点中途放弃要去从头做一个农妇，对她来说，如果真能如愿，那将是余生中最幸福的一件事了。而下一站在巴拿马也是一场家庭聚会，三毛再次深切感受到了同胞的深情厚谊。

相比于其他国家，哥伦比亚算是一个最不按常理出牌的地方了。三毛多次看有关当地的书时就受到警告，这里特别容易被抢劫，而路上的行人也是紧紧护着皮包，十分小心谨慎。三毛住的旅馆擅自调价，路上小吃摊贩收了钱不给东西，警察随意粗暴抓人放人等，都让他们印象深刻。

三毛对此地海拔三千米以上的一座教堂印象颇为深刻。这里有一座耶稣像，很多人前来祈求，墙上挂着的许多拐杖据说都是因神迹而恢复的人挂起来的。本无所求的三毛在此地也为几位腿脚不便和眼睛不好的朋友诚心祈求了一次，还为他们代求了十字架。在她看来，无论灵验与否，都希望朋友们能够健康快乐！

如果灵魂真的有前生今世，那么一切的因果便有了解释吧，不然面对生死离别，又会有多少人看不开、放不下。三毛坚信她的前生是印第安人，她说她是在"心湖"边长大，是一位药师的孙女，而最终因为难产在十九岁时死去了。很多人看到三毛都会问她是不是印第安人，这在三毛却是如同恭维一般的话语了。对于厄瓜多尔这样的一个地方，唤起的便是难分难舍又带有前世记忆的情愫。

来到厄瓜多尔，听到他人说起"心湖"，三毛的心忽然一动，什么话也说不出来。三毛决定去寻找那片心湖，在与同伴同行了许久后才找到，而那之后，她独自在村落里住了一周，让其余人先行离去。三毛住在一名印第安人的家中，女主人吉儿一见面便看上了三毛脖子里戴的一块银牌，想要和三毛换，而三毛以银牌还有一些钱以及帮做家务做几日停留的交换，于是便顺理成章地在村落里住了下来。

心湖看起来仿佛是银子做成的一般，三毛叫它银湖，每个夜晚都会去湖边徘徊，甚至有一种想要在此地了结的冲动。住了几日，三毛便与村中的人都相熟了，讲外面的事给他们听，还帮忙放羊以及煮饭，这里的人都很自然地把她当成了同族人，以至于她要走的时候都不肯相信。吉儿的家人也从远处赶回来送别，而吉儿更是不收三毛用作交换的财物含泪转身离开了。这片有着她前世记忆般的地方，三毛亦是不舍，但是她也有今生的使命，不得不离开。

下一站印加，给三毛的最深刻也最直接的印象便是高原反应，当地叫作"索诺奇"的一种病。住在脏乱差的旅馆加上高原反应，三毛简直难过极了，好不容易找到一家四星酒店，店主人又温和，才让这一切暂时平复下来。

印加之旅的另一件对三毛来说最重要的事，便是认识了一位名叫安妮的女孩子。她也是从外地来旅游的，三毛初见她时，她也正害着"索诺奇"。三毛对她一见如故，加之善良的天性，不顾一切地照顾起她来。

最神奇的事不仅如此，安妮对三毛亦是如故，不仅完全信任三毛，更跟她探讨两人是否前世便相识，否则怎会那么熟悉。两个人不仅性格相近，就连喜好也是一样的，常常会不谋而合；安妮的悲痛被三毛看在了眼里，而三毛那似乎不露痕迹的伤也被安妮识破，但是就连分别，两人都没有互相过问过生平，甚至不知道对方的姓。

真正相似的灵魂便是如此吧，不问，不说，也能了解彼此内心的心情，大有一种禅的意味。安妮离去时的书信和鲜花在三毛看来也是一种多余了，因为像她们那样性情的人离去时什么都不说才是最好的做法，因为就算不说彼此也能理解。

在印加旅途的最终目的，三毛安排好了要去一座失落了的古城玛丘毕丘。因为下雨而未成行前，三毛在广场偶然碰到有人在卖表演的票，便买了三张晚上去看。那是一场既精彩又悲伤的演出，观众席只有三毛和米夏两个人，而演出却没有中断地表演了下去。为了回报演员对观众的这份尊重，三毛和米夏拼了命地鼓掌，一次次喊着"Bravo"（西班牙语中精彩的意思），让原本尴尬的气氛渐渐消散了，演员们最后还拉三毛上台与他们共舞。在三毛看来这一场观众甚少的表演，极尽精彩甚至可以称之为艺术品。

舞蹈团的团长是个吹笛子的中年男性，为了他的梦想，只能守着窘迫的生活，甚至家人孩子都在挨饿，他一心只为艺术，又不懂做生意，只是苦苦撑着舞蹈团。他知道三毛是懂她的人，还在最后将他创作的甚至没有名字的曲调专门吹给了三毛听，让三毛感动至极，她也因笛声中表达出的所有情怀而静默至说不出话来，一直到剧场只剩她一人。

这场夜戏结束后没几天，三毛便进入了玛丘毕丘，这是整个旅程的高潮，也是结束。

在前往玛丘毕丘的火车上，三毛就察觉海水有异，在这座迷城里停留没多久，她便带着米夏匆忙离开了。果不其然，火车没多久便因为海水涨了上来而停住；后来又勉强走了一小节，也因为前面路基完全被破坏而彻底停了下来。

旅行团的车在这个时候开过来接人，但是只许旅行团的人走，三毛以及普通的游客都只能在雨夜里等待。后来气不过的三毛协同一些人冲上了客车，到达印加首都后又通知警察局派车去接人，才让事态没有发展到那么严重。那次事故中，玛丘毕丘失踪了六百多人，只有三十多人的尸骨被找到，万幸车站的游客都被接了回来。

中南美洲的长途旅行在这样惊险的事故中画上了句号，而踏往异乡的旅行也让三毛终生难忘。一个带有忧愁的女人行走在这样一片带有忧愁的土地上，是不是异客都没有关系了；在银湖与印第安人一起度过七日之后，三毛已经完成了她前世的乡愁，身份如何亦是不重要的了。对于三毛来说，这只不过又是一场人生的修行罢了。

哀伤，最难忘的滚滚红尘

在三毛看来，旅行的目的是一场又一场无望的寻求，她没有办法填补心中那份欠缺的温暖和爱，更无法在其他任何一个地方找到慰藉，中南美洲的一路旅行，徒增了她心中那份忘不掉的牵绊和哀愁。

回到台湾后，各方盛情的邀约更是纷至沓来，虽然此时的三毛想清清静静地过日子，但仍然是不堪其扰。无数场座谈会、读者见面会让三毛总在结束后的空虚里偷偷哭泣，那份孤独的心情不能言表。

但是人生的另一场际遇却在她身上展开了，从中南美洲回来后，三毛接到台湾文化大学创办人张其昀先生在华冈大学的聘书，三毛的教学生涯便开始了。

三毛教的是中文系文艺创作组"小说研究"和"散文习作"两门课。三毛刚开始抱着试一试的态度，但自称"只有五分钟热度，最多不超过十五天"的她，却在四个月后彻底爱上了这份职业，也包括学校里藏书极多的图书馆，当知道她可以随意阅读里面的书籍时，简直狂喜。她将全部的心血都放在这些孩子的身上，人也重新恢复了活力。

三毛是个做事很严谨的人，为给学生们备课，常常几小时的课就要看十几本书，而她的课也常常爆满，经常有旁听生来听课，三毛一视同仁；旁听生要是也做她布置的作业，她一样批改得十分仔细。

虽然喜欢那种只有十几个人的导师制教学，但是现实情况不容许，这也增加了她的精力消耗。为了能够了解每一个学生，三毛常常会和学生们进行"笔谈"，了解他们的兴趣和志向，对她来说，要是能够真正影响到其中一个人并使他感到快乐，那么她所做的一切便都是值得的。

和学生们在一起的三毛获得了一份充实，也收获了很多感动，其中有一件事让她最为难忘。三毛喜欢和学生们待在一起的时光，学生们也喜欢赖在她身边，于是课间三毛便没有走，拿出了一百多块花花绿绿的方块布和几十根针。

学生们很惊奇，都拿着把玩起来，即使是在课堂上也有人继续缝着，还有人被针扎到。两堂课下来，两个教室的学生将这些碎布全部缝在了一起，有趣的是，男女生的针脚明显不一样。三毛把这块百花布加工成了一块拼花被，学生们争抢着在被的反面写下了送给三毛的寄语。

三毛十分珍爱这床被子，总是盖在身上，外出旅行只要有条件都带着，不论国内国外。朋友们都说这是一块盖了身体都会好起来的被子，三毛叫它"百福被"。这份学生们对她真挚的爱总让她动容，她还说，要是有一天死了，一定要用这被子裹着下葬。学生们戏称此为"马革裹尸"，三毛倒觉得这些孩子们还是懂她的。

在台湾一个叫作清泉的地方，三毛拜访丁松青神父的时候，无意中发现了一座红瓦砖房，便对那念念不忘了。但是三毛也说过，再美的风景，如果没有人，那么也吸引不了她，她想要那座红砖房，想在当地定居，也是因为清泉当地的人打动了她。

清泉住的都是台湾的一些山地同胞，朴实真诚，到过几次之后，三毛就深深地爱上了这里。红砖房被她称作小红屋，因为没人居住，三毛一直想着要把它改造成一个理想的住处，还因为丁神父也想要这座房子而一直忧心忡忡。但是三毛显然多虑了，后来，丁神父和村民将小红屋改造成了一座舒适的居所，让三毛到那里修养，可惜因为身体病弱，三毛一直没有亲眼看到那座房子。

后来三毛将小红屋共享了出去，当作是一种生命延续的方式，向大家说，若有想要去体验大自然的青年，便可以在她的房子里免费住上一晚，有心的话为当地的居民集一点钱买生活用品。她对清泉的爱，以及对有着共同志向青年的爱护与期盼，在此事上体现得淋漓尽致。

因为大陆与台湾关系缓和，在 1987 年台湾当局准许居民回大陆探亲之际，三毛便迫不及待地加入了这一波有着深深乡愁的大军队伍。虽然出生在战火中，离去时尚是一个不懂世事的小女孩，对故乡的记忆只有一大叠金元券与金陵下不完的雨，但是让人觉得不可思议的是，这样一个人竟然会对大陆有着那样深厚的爱，就连三毛父亲也不可置信地说，很难想象三毛曾在这片土地上消失过那么久，他的女儿是越来越中国化了。

殊不知在三毛一生最爱的书中，全都是厚厚的中国文化，她对中国传统古典文化的那一种热爱是少有人比得了的。因为一生热爱书本，也就一生与灵魂中的故乡对话着，不曾停歇，所以当有这样一个机会可以回到那片熟悉但又有距离的地方时，三毛自然是不会放过的。

尚未到达浙江老家，从香港出发到达上海的三毛先去看望了一位她自小就熟知、还有很深渊源，却从来没有见过面的人，他便是《三毛流浪记》《三毛从军记》的作者张乐平。张乐平先生间接地给了三毛一个笔名，而面对自己的启蒙老师，三毛自然对张乐平先生又爱又敬重。尚未见面，两人已有书信交流，最后一封信中，三毛告诉张乐平先生要去看他，还希望能够得到一件中山装。

到达之日，双方都像是久别的亲人一般。三毛开口便亲热地唤张乐平夫妇为爸爸妈妈。张乐平将三毛看作是第四个女儿，加上他的四男三女，以音符排下来，他亲切地将三毛称作他家中的"女高音"。三毛第一次见面给张乐平送上的是当时在台湾出版的极为热销的书《我的宝贝》，那是三毛带到大陆来的她的第一本书，这仅有的一本便送给了张乐平。

三毛在张家住了四天，却在短短的时间内与所有家人都熟络而有了深厚感情，尤其张乐平的妻子很是喜爱三毛。张乐平觉得三毛的性格还颇同他笔下的人物"三毛"相像："看她那乐观、倔强、好胜、豪爽、多情而又有正义感，有时又显出几分孩子气，这倒真有几分像我笔下的三毛。"分别时，三毛与张乐平夫妇紧紧拥抱，两位老人瞬间老泪纵横。

　　拜访过张乐平先生，三毛还去了在苏州当时并不知名的周庄。周庄有着大片的油菜花，那场景深深感动了三毛，甚至有一种归乡的感觉，她倒在油菜花地里大哭了一场，为她那无法向人言说的半生情怀。她常常说，怕在台湾被看作外省人而在大陆被说成是台湾人，只有作家白桦同她见面时说得好："我不讲欢迎，因为你本来就是这里的人；我也不说再见，因为你还会再来……"

　　三毛在浙江舟山家族的祠堂里正式祭祖，完成了她身份的一次回归。虽然祖父的墓已经不是原来的归处，因为地主身份，20世纪50年代清算时遗体还被暴晒过，这次当地亲戚知道三毛要来，便在当年大致的位置建了一座空坟。这一生眷恋那么多那么深，却仍有一个从未到过的"家"，让她如此动容。

　　三毛在路上，见到每一位上了年纪的妇女都上去拥抱，在她看来，这是唯一能够连接起她和过往时光的人了。身旁的人都难以理解，毕竟没有经历过沧海桑田似的心境变迁，也难以理解三毛心中那份对文化和故土如此认同与热爱的心情。

　　祭祖之后，三毛带回了爷爷坟前的一袋土，装上了家乡井里的一瓶水，回台后郑重地交给了她的父亲。对三毛来说，这一生亏欠父母太多，作为女儿唯一能为他们做的便是如此了，这也是一种家族的传承，里面包含着她对父母那深浓的爱。

在浙江，三毛还委托当时在大陆的代理人徐静波先生为她安排治病，把她的病历单全部寄给了他。当时一位著名的内科医生林抗生先生看了三毛的病例，说三毛是百病皆有，还专门组织了杭州最有名的医生成立了一个专家小组为三毛会诊，但被三毛拒绝了。

经历过在美国与台湾最好医院治病的经历后，三毛便对西医失去了信心，要求找气功大师为她治病，还专门准备了一个气功室。徐静波先生先让气功大师在他身上试了一下，结果一点反应也没有，三毛却有很大的反应。气功师告诉徐静波先生，三毛可能患有癌症，事实上当时的三毛的确患有淋巴癌，一直没治好。

在三毛回台后，导演严浩多次希望将《哭泣的骆驼》改编为电影，想要三毛把它改写成剧本。但是三毛没有改写，反而写了一部《滚滚红尘舞天涯》给他，也就是后来的《滚滚红尘》。这部电影上映后大受欢迎，秦汉、林青霞将这部架构在张爱玲与胡兰成爱情上的电影演绎得十分到位，其后包揽了金马奖的八个奖项，但遗憾的是没有最佳编剧奖。

三毛为这部作品付出了很大的心血，不仅从楼梯上摔下来摔断了肋骨，还切掉了一叶肺。在住院期间，她在病床上用了两个月的时间写好了剧本，还亲自参与了拍摄过程，十分用心。但是成名后舆论也随之鹊起，其中不乏批评之声，一时间流言四起，这也导致了她与编剧奖失之交臂。

剧本写作完成后，1990 年，三毛再次到大陆旅行，作为忙碌之后的放松与休养。这一次，三毛为自己制订了一个长长的旅游路线，称之为"到大陆的浪漫放逐"：从广州出发到西安、兰州、敦煌，再从乌鲁木齐出发到天山、喀什，转道成都后再飞往拉萨，然后在重庆做一个大转身再到武汉、上海、杭州。

这一次长途旅行，三毛第一次近距离感受到了祖国的大好河山，以往那些只能在书本中读到的地方如今她能够亲自踏上去走一走了。在走了那么多国家之后，最终的她还是如此热爱祖国的这片土地。

在敦煌的经历尤为让三毛记忆深刻。参观莫高窟时，借助一位在当地从事莫高窟研究的朋友的帮助，在众人散去后，三毛得以独自在里面待上一段时间。在这段时间里，三毛用手电筒看着那一幅幅精美绝伦的壁画，那些画面都仿佛是流转起来了一样，渐渐地，她的一生也似乎一幕幕放电影般呈现了出来，最终流转到了她的身上。她吓坏了，关掉了手电筒，在黑暗中独自跪在佛像前祈祷着，感觉佛像的手从她头上温柔抚过。

三毛在佛像前恸哭着，感觉悟到了什么是"苦海无边"，还恳求菩萨让她做一个扫洞子的人，但是三毛收到的讯息是，让她再去人世间走走。再次走出洞窟的三毛感到内心清亮，没有那么多放不下心头的痛苦，也豁达了很多。

在鸣沙山，三毛对着朋友感慨道，要是有一天她死了，必要葬到这里来，在这个面对着佛壁洞窟的地方，在这个有着月牙泉相伴的地方，安安静静守着，已是她最好的归宿。

去沙漠骑骆驼时，三毛认识了帮她牵骆驼的一位女孩，还接受女孩热情的邀请，到家中去坐坐。女孩一家的真情和朴实打动了三毛，使得她都不想离开这片与撒哈拉沙漠一般虽然苍凉寒冷却生机勃勃的地方。敦煌，是她人生中的另一个撒哈拉。

乌鲁木齐，一个遥远的地方，三毛在这里见到的是那个写下了《在那遥远的地方》的人，王洛宾。起初，三毛的专门拜访并没有引起王洛宾的特别在意，因为他尚没有读过她的作品，直到有了了解和通信后，他也渐渐爱上了这个有着传奇一生的女子。对于这样一个投身西北民歌创作的艺术家和亦有着传奇经历的才子，三毛也怀了浪漫的幻想，更因为他额头的皱纹和风霜使得她心里再次起了触动。在王洛宾的一次爱的暗喻后，三毛收拾了一切来到了他的身边。

相遇与错过都是一种命运，三毛今生缘伤的灯火已经燃尽，留下的只有遗憾和错过。王洛宾太热衷于工作，甚至第一次见面时都安排了电视台记者过来拍摄，为的是在他的一个纪录片里留下浓墨重彩的一笔。他不知道三毛的心思，便不能走进她的心，经常忽视她的感受，甚至于在她生病时都不能在她身边照料，还经常让她参与他纪录片的拍摄。对于这一切，三毛忍了又忍，终于在一个为他平常做着饭的时候爆发了。

她转身离开了，一个转身的姿势，却格外沉重，她的心布满了深深的失望。

转身离开的背影终于让王洛宾醒悟了，但是一切都太迟了。以后他写了好多封悔过的信，却再没能打动三毛的心，为了让他死心，三毛甚至谎称她已经与一位英国人订婚了。失落的王洛宾为三毛写下了一首歌，一直弹唱到他离世——

　　你曾在橄榄树下

等待再等待

我却在遥远的地方

徘徊再徘徊

人生本是一场迷藏的梦

且莫对我责怪为把遗憾赎回来

我也去等待每当月圆时

对着那橄榄树独自膜拜

你永远不再来

我永远在等待

等待等待等待等待

越等待，我心中越爱！

　　殊不知，在这个滚滚红尘里，三毛已经完全看透了一切，不再执着于爱，因为曾经那个最爱的人已经离去，她也曾越等待越爱，却也终究等不来。这一场期待，终究落空。

　　这一场人世中最后的旅行以及最后一场期待中的浪漫，终究留给三毛的只剩下哀伤。哀伤的三毛，生命中只剩下那唯一的出口，放飞灵魂、归彼大荒。

归彼荒漠，归彼她的前世乡愁

一个坚强的灵魂，却附和在了一个孱弱的身躯中，我们叹上天对三毛不公，但也许这是命运的成全，让她走向生命的终点。

三毛身体不是很好，每一年都会有新的病症增加。从患胃痛开始，几乎情绪一激动就会胃绞痛，这是个多年都不曾治愈的病症。在撒哈拉居住期间，由于当地气候恶劣且卫生条件极差，她患上了严重的妇科病。当时买不起回台的机票，在《撒哈拉的故事》出版后，拿到稿费的三毛才首次回台去看病。

三毛被查出患上了不孕症。她与荷西结婚六年但没有子嗣，一方面原因是一开始两人不想要孩子，但后来是三毛再无能力生育了。

三毛极爱旅行，但是身体有时反而成为拖累，导致旅途中各种艰辛。在中南美洲旅行时，她的高原反应便极为明显，加上当地水源的问题，还曾患过肠炎等疾病；在大陆旅行时，有时一天要昏倒好几次，到拉萨之后更为严重，差点儿命殒高原。

除了妇科病，长期写作的她还患有严重的肩周炎，到后期根本无法再继续写字。因为母亲患有子宫癌多年，三毛也一直预料她会得相同的病。等到《滚滚红尘》获奖而独缺最佳编剧时，受到打击的三毛加上妇科病的再度发作，住入了台北荣民总医院接受治疗。那时的她断定自己得了不治之症。

那是1991年1月2日，三毛的病因在于子宫内膜肥厚影响荷尔蒙分泌。这不算是什么大病，只需要次日安排一场小手术便可治愈，以至于三毛亲友觉得不治之症的说法有些小题大做。

在带有独立卫浴的病房里，母亲一直陪着三毛，当天三毛告诉母亲，说她看到有带翅膀的小孩在她身边飞来飞去。这个幻想及想象力十分丰富的女儿总是会有异于常人的言论，母亲当时只是笑笑，并不予理会。第二日，手术如约进行，且进行得十分顺利，所有人都很为三毛高兴，觉得她不久就会恢复，一切便将又如常了。

所有人都是如此的想法，但是三毛高兴不起来。身体的病患解决了，但是心里面仍有那个不治之症，这是谁都无法帮她治愈的，她多么希望这一切都只是通过一场手术就能解决的问题，或者说，寄予癌症而结束她的一生。

手术结束后，三毛让父母先行回家，夜间也让值班人员不要到她的病房去，以免影响她的睡眠。就在当晚，三毛给家中打了一个电话，跟母亲先是平静地说了她的病情，然后语气便急促起来，很多话母亲并不能完全听懂，只知道三毛在说："那些小孩又来了。"母亲并未把这一切放在心上，只想着天使应该就会守护女儿，没有去在意。之后三毛还曾给一位密友眭澔平打了她这一生的最后一通电话，可惜由于他当时没有在家，没有接到这通电话，只留下了电话录音。

那是个永恒又悲伤的早晨，三毛被医院的清洁人员发现缢死在卫生间中。一条尼龙丝袜，一个挂点滴的横杆，三毛就那样被勒死在马桶上。四个小时后法医赶到，对现场进行了检查与记录，最终判定为自杀行为。

这让人不禁想起三毛在墨西哥留下最深刻印象的"自杀神"，当时的她立刻为这个神着迷和异常感兴趣，她觉得这是一个对生命自由意志尊重的神，而如果真的是她选择自己结束生命的话，倒是正好与她对自杀神的兴趣契合。

关于三毛的死因一直有争论，有人认为三毛是自杀，但也有另一种说法认为是他杀。三毛姐姐说，三毛那么爱干净，是不能选择以睡衣示人的，而当时输液架只有一米六，而三毛的身高是一米六三，怎么说来都有他杀的嫌疑。但无论死因如何，逝者已去，世人也只能喧嚷着争论一些无关紧要的事罢了。

三毛的死，受到打击最大的是她的父母。这个陈家的二女儿，父母一直最宠她也最为她担心，如今白发人送黑发人，更是刻骨噬心。当时同样身患癌症的母亲尤为伤感，她如同幼时的三毛一般，把自己关在屋内，独自啜饮这份失去爱女的心痛。这段时间里，她写下了一篇《哭爱女三毛》。

文章里，三毛母亲写到，希望用基督教的仪式为女儿治丧，而仪式则希望由《联合报》来主持。《联合报》成就了女儿三毛，那么死后也由它来送三毛一程吧，风风光光的。她为女儿穿上了平常最喜欢的缀上黄玫瑰的衣服，葬礼并不铺张。三毛的遗体选用了火葬，骨灰安置在了阳明山第一公墓的灵塔上。

而三毛父亲，则将女儿生前精心布置过的家作为三毛的纪念馆，以此种方式来纪念女儿。

三毛的"另一对父母"张乐平夫妇，也在闻讯后悲伤不已。张乐平的妻子知道消息后怕老伴难以承受，几日后才告知，而张乐平闻讯后老泪纵横，痛哭不已，好些天都处在神情恍惚的状态。他们一家都将三毛当作了家人，过节时吃饭都为三毛留着一个座位，大儿媳为三毛准备了中山装，一直等待她回来试穿。

三毛逝世的消息迅速传遍了整个台湾及大陆，所有她的读者以及朋友都为之落泪。知名人物如琼瑶、林青霞等都对三毛的死感到遗憾和难过，但另一种程度上也尊重她的选择。三毛在生前热爱清泉，几次想在那儿休养终老，而一直未能如愿，挚友丁松青神父在听到三毛死讯后连连叹息："每次她离开，总会忍不住落泪。上回她走的时候，曾戏称清泉是 River of No Return（不归泉），含泪说她永远不回来了。也许她不适宜活在这个世界吧！现在她可以在九泉之下见到她挚爱的亡夫了。但愿她能得到她一生祈求的满足与快乐。"

好友倪匡这样说三毛："三毛没有子女，没有寄托，加以近日电影《滚滚红尘》有褒有贬，对她也产生不小的压力，才会酿成不幸。三毛的自杀，与肉身的病痛无关，最大的可能是来自心灵深处的空虚寂寞。三毛一直有自杀的倾向。三毛是一个戏剧性很强、悲剧性很浓的人物，三毛是因失去爱与被爱的力量才离开人世的。"

不论是褒或贬，这一切也终究在三毛死后成为无足轻重的东西，流言与爱也带不回我们的三毛。

眭澔平是三毛挚友，他在三毛死后用另外一种方式纪念着她。

他踏上了一段旅程，继续着三毛没有走过的路，替她把剩下的路走完，也是在另一种程度上继续着三毛的生命。他为三毛写歌，也为她的离世而悲痛，但是选择了长久的纪念方式，一种带着对生命无限热爱的方式化解了那份悲伤。

一个固执地认为前世是印第安人的女人，一个今生不断在寻求灵魂家园的人，到底哪一个是她？宁愿相信灵魂不灭，宁愿相信还有来生，那么这个此生名为陈平，大家心中的三毛，能再度回到我们身边吗？亦或许，她再也不愿意回来。那么她的目的地，灵魂的栖所，又会在哪里？

她的前世吗，今生寻找到的那个心湖的所在？撒哈拉吗，那个曾被认为永远都不会离开的荒野大漠？加纳利吗，那个安眠着爱人躯体的地方？敦煌吗，那个有着月牙泉、慈悲菩萨的西北荒漠？周庄吗，那个有着大片金黄灿烂油菜花的所在？清泉吗，那个有着她心爱小红屋的山区？

可是，心湖已经回去过一次了结了思念，一生一次足矣；旧属撒哈拉已经不复存在，何必牵念；加纳利埋下的不过是一副躯壳，荷西的灵魂不在那里；鸣沙山遥遥望着阳明山，死得其所；周庄已然身价上扬，回去无益；清泉的小红屋已是被共享了出去，延续了她的生命。

三毛，她去了哪里？哦，还有最爱的《红楼梦》，还有一场白茫茫的大雪。她离开了，她只是去寻找她最爱的那个人，去寻找那棵梦中的橄榄树，去寻找她渴望的家园罢了。她从虚无中来，最终也归向了虚无，这是她的选择，她会是无憾的吧。

后　记

搁笔之时，已写尽了她的传奇。从初来，到归去，她的生命画下了一个完整的圆。在追寻过她的生命轨迹后，已有数不尽的情绪，在心中激荡。是爱、是痛、是艳羡、是渴望、是思念……

　　三毛的一生，说到底是一场爱的修行之旅。虽然幼时曾经一度患有自闭症，一度狂躁不安，但那份初生的灵气却交到了书本当中，沉淀在另外一个世界，直到生命被照亮、被打开后，这一切犹如活泉一般涌现了出来，爱的种子立即萌芽，迅速成长着，并随着她的经历而愈加旺盛。

　　她说她的写作史便是她的爱情史，她的生活就是她所有的素材。因为是一个如此真实而真诚的人，她舍不得去虚构，舍不得去撒下一个谎言。若不是这一生曲折复杂的经历，若不是那一颗对人世极度热爱的心，也不会有一个我们熟知的三毛。

　　爱的伤痛被她一笔带过，更多的都是充满人情味的市井生活，那份对爱的执着与热爱永远贯穿其中。你知道她流泪，知道她寂寞，知道她那一份永远在寻找的心，但是你更知道她在人世间的骄傲，知道她的坚持和努力，知道她的爱和付出，这一切都是骗不了人的。因为一个没有心的人，不热爱生命的人，是永远不会懂得那些看似细微的动作和行为所代表的意义的。

三毛爱过，不止一次地爱过，她爱人，爱自然，也爱勃勃的生命，这一切都让她的心为之颤动，为之震撼，为之动容。真性情的人大多如此，你会叫她痴人，而她也的确是一个痴人，为着心中那不灭的热情，颠簸半生，最终突然离去。

艺术之美，文学之美，抵不过她感受到的生活之美。她那么热切地感受着周遭的世界，用全部的真心对待和付出，同样也收到了热烈的反馈。那么多人爱她，怎么会是一件巧合的事。

回顾三毛的一生，出生在战火之际，幼年随父母颠沛流离，辗转他乡；几度爱书成痴，几回作茧自闭，却仍保有一颗丰富多情的心；转折之后的人生仿若一段传奇，游走在国外的山山水水间，身为异客却在他乡傲然如一位东方公主，更结情缘于大漠荒烟之中，爱没有轰轰烈烈却精彩得羡煞世人；战火烽烟、生死一线，每次惊险而过却谈笑间风轻云淡，仍旧是那个因爱而痴的人；她的痛让所有人都为之痛，她的爱让所有人都为之爱，牵引起情绪的是文字后面那颗真诚的赤子之心；看破红尘大梦一场，连离去的方式也是那样特别。

三毛，是流落在山水间的一片孤单的灵魂，她那么迫切地找寻另外一半灵魂，得而复失，才知这一生的使命只是为了体验这一场无常的旅程。

传奇，注定只是一段只供观摩叹赏的谈资，而永远无法企及的则是那个人人都会做、都会想却不愿去行动的梦。脚踩大地，有人愿意行走，有人选择停留，有人悲喜着收获，有人淡然着等待，而三毛毅然决然跟随着心的指引前行，带着所有人都会做的梦，做了一场无人敢想的旅行。

　　她，注定是一个无法企及的梦。